L'IMAGINAIRE

En mouchant la chandelle

NOUVELLES CHINOISES
DES MING

Traduction de Jacques Dars
revue par Tchang Foujouei

Gallimard

A Jacques Gernet
mon bon maître, mon ami
J. D.

AVANT-PROPOS

Voici un choix de nouvelles du début des Ming (XIVe-XVe siècles) : elles connurent en Chine un si fort succès qu'on les mit à l'index afin qu'elles ne distraient pas les jeunes lettrés de la sacro-sainte étude des Classiques confucéens ! Elles sont dues à deux lettrés fonctionnaires, l'un qui vivota de façon obscure, l'autre qui fit une prestigieuse carrière... mais fut descendu de son piédestal à cause de ces répréhensibles écrits. Le paradoxe ne s'arrête pas là : leurs recueils de nouvelles représentent tout ce qui surnage d'une œuvre par ailleurs abondante et oubliée ; célèbres et célébrés en Corée, puis au Japon, ils feront fleurir dans ces pays traductions et imitations, avant que certains de leurs thèmes n'atteignent même l'Europe !

Pourtant, qui connaît les noms de Qu You et de Li Zhen, auteurs respectivement du *Jiandeng xinhua*, « *Nouvelles histoires en mouchant la chandelle* » et du *Jiandeng yuhua*, « *Suite aux histoires en mouchant la chandelle* » (ces chandelles mouchées impliquant une heure tardive, celle où l'on a le loisir de s'occuper de choses frivoles, mais où l'on peut aussi vivre, ou évoquer, d'étranges aventures) ?

En Chine même, voilà seulement quelques décennies qu'on leur a rendu dans l'histoire de la littérature leur place légitime. Leurs ouvrages témoignent en effet du haut degré d'achèvement d'un genre entre tous difficile : celui de la nouvelle, écrite en langue classique, et à coloration plus ou moins fantastique ou merveilleuse.

Ce genre a en Chine une très longue histoire. On connaît par quelques traductions les « histoires extraordinaires », pleines d'attrait et de charme, de l'époque des Tang ; ces récits, appelés *chuanqi*, ou relations d'étrangetés et de prodiges, étaient à l'origine un passe-temps de lettrés, plutôt déconsidéré. Ce qui progressivement se forma et s'affirma en tant que genre littéraire distinct provenait d'un filon plus ancien, celui des « chroniques ou notations bizarres », mais évolua dans une direction différente : en puisant de plus en plus ses thèmes et ses matériaux dans le monde humain ; en d'autres termes, en s'éloignant du surnaturel pour aller vers un réalisme croissant.

Ces origines expliquent la part de l'étrange et du fantastique (spectres, rêves étonnants ou prémonitoires, amours avec des créatures de l'autre monde, visites de l'au-delà, interventions surnaturelles, pour ne citer que quelques-uns des thèmes les plus courants), mais une nette transformation s'opère dès l'époque des Six Dynasties, aux Ve-VIe siècles. Elle est favorisée par de multiples facteurs, notamment par l'influence de la littérature récitée et chantée, à caractère plus ou moins religieux ; et par une coutume très en vogue sous les Tang : « l'envoi » que faisaient de jeunes lettrés à leurs aînés d'un brillant exercice de style, échantillon de leur talent (et la nouvelle se prêtait admirablement à cette sorte d'essais)... En peu de temps, la nouvelle littéraire devient une œuvre consciemment élaborée, aux intrigues et aux péripéties complexes, portée par une langue rénovée, flexible, riche, et extrêmement travaillée. Le résultat est une profusion de chefs-d'œuvre aux VIIIe-IXe siècles : les brefs morceaux de prose narrative en langue littéraire, peu ou prou empreints d'éléments surnaturels, constituent un des fleurons artistiques de cette époque.

Après cette floraison, le genre décline à la fin des Song (autour du XIIe siècle), mais il reparaît sous un autre avatar, dans les thèmes et dans les livrets des opéras des Jin et des Yuan ; puis, après cette éclipse relative, il y a une véritable renaissance au début des Ming, grâce au pinceau inspiré de Qu You et de Li Zhen : ils atteignent d'emblée la perfection, et leur œuvre, qui ne devait être qu'une imitation des *chuanqi* anciens, est si élaborée et si belle qu'elle atteint, de l'avis des connaisseurs, des sommets inégalés, et marque l'aboutissement du genre.

Pourtant, après avoir reçu pendant un temps un accueil enthousiaste, cette œuvre connaît en Chine une longue période d'oubli. Du côté des spécialistes, c'est en 1958 que le sinologue Herbert Franke, faisant œuvre de pionnier, publie dans la *Zeitschrift der Deutschen Morgenländischen Gesellschaft* la première étude jamais consacrée à Qu You : introduction à l'homme et à l'œuvre, résumé et commentaire de chaque récit du recueil *En mouchant la chandelle.* C'est lui qui attire l'attention sur la richesse de cette collection, alors qu'il n'existait pas encore d'édition valable du texte (depuis, Zhou Yi a procuré en Chine une édition annotée du *Jiandeng xinhua* et de ses suites : le *Jiandeng yuhua* de Li Zhen, et le *Mideng yinhua* de Shao Jingzhan, une ultime cuvée qui n'a plus grand goût). Ensuite, il fera le même travail sur Li Zhen et son recueil. Enfin, en 1959, paraît à Munich une anthologie réalisée avec W. Bauer, *Die goldene Truhe*, vraie cassette aux joyaux, qui révèle, entre autres, une douzaine de nouvelles des recueils qui nous intéressent, six de Qu You et six de Li Zhen. Voici maintenant à peu près doublé le nombre de ces œuvres, inédites en français, et dont certaines n'avaient jamais été traduites qu'en japonais. Avant d'en dire quelques mots, et avant la parution de la savante étude que prépare un de nos meilleurs spécialistes, M. Chan Chinhe, présentons brièvement leurs auteurs : de formation et de classe sociale analogues, ils eurent des vies fort différentes.

QU YOU (1341-1427) naît, peut-être à Qiantang [Zhejiang], au cours de la toute dernière période de la dynastie mongole. Les données biographiques à son sujet sont minces, éparses, mélancoliques, et Franke, à qui j'en emprunte l'essentiel, les a rassemblées. Pendant les ultimes années de la dynastie Yuan (1280-1368), Qu You habite Siming et Suzhou. Au début des Ming (après 1368), il est commissaire à l'instruction, notamment à Hangzhou. Il a déjà acquis par ses poèmes une relative célébrité ; dès son jeune âge, il s'était distingué par la précocité de son talent poétique, et un grand lettré ami de son père, Zhang Yanfu, lui avait offert un rameau de cannelier, signifiant par là que l'enfant avait des dons littéraires éminents.

Tandis que sa réputation de poète grandit, sa carrière de fonctionnaire, juste ambition de tout lettré, prend un tour décevant : il ne trouvera jamais l'occasion favorable à la réalisation de ses aspirations dans ce domaine, et devra pendant la plus grande partie de sa vie végéter dans des emplois subalternes. Cependant, son recueil de nouvelles est achevé dès 1378.

A partir de 1400, il est enseignant auxiliaire au Collège impérial ; après 1403, secrétaire de droite de la maison d'un prince de la famille impériale, grand amateur de littérature. Il perd bientôt ce gagne-pain : en 1408, des poèmes lui valent d'abord un séjour en prison (il retrouve là, il le racontera avec une tranquille et fière assurance dans ses *Propos poétiques de retour aux champs*, d'autres poètes illustres de son temps, dont les vers avaient déplu à un autocrate Ming maladivement soupçonneux), puis une dégradation publique, suivie d'une désespérante assignation à résidence dans la lointaine province de Suiyuan, où il croupira dix ans. Il est gracié vers 1425, et c'est un octogénaire qui reprend l'humble métier de précepteur avant de mourir bientôt. Existence, on le voit, bien précaire, avec tous les aléas de la carrière de fonctionnaire, et une part bien chiche de réussite, comme ce fut le lot de tant de lettrés chinois à toutes époques ! Remarquons en tout cas que l'exercice de la poésie, loin d'être une sinécure, pouvait être périlleux, et que Qu You l'avait payé cher. Il ne faut donc pas s'étonner de trouver dans ses écrits une virulente critique sociale, toujours masquée mais toujours présente ; elle peut avoir également motivé la mise à l'index de son recueil, proposée en 1442 en raison de l'attrait qu'il exerçait « sur des étudiants des Classiques et savants confucéens », attirés hors des sentiers orthodoxes parce qu'ils cherchaient dans l'ouvrage des sujets de conversation !

Ecrivain prolifique, Qu You fut l'auteur d'un nombre considérable d'ouvrages variés : œuvres d'érudition pure, multiples recueils de poésies (ses ballades sentimentales et ses *yuefu* étaient connus de tous) dont quelques-uns seulement, sur plus d'une dizaine, nous sont parvenus ; et bien sûr, ces nouvelles qui nous occupent.

LI ZHEN (1376-1452), ou LI CHANGQI, naît, lui, à une bonne génération de distance de Qu You, dans les premières années de la dynastie Ming. Les renseignements abondent à son sujet, pour la bonne raison qu'il fit une brillante carrière mandarinale, et qu'il eut même l'honneur d'une biographie dans les Annales dynastiques ; ils ont également été regroupés et analysés par Franke.

Les lointains ancêtres de Li Zhen étaient originaires de Nankin ; la famille fut poussée vers le Jiangxi par les invasions de la fin des Song du Nord (1126). Parents et grands-parents ne semblent pas avoir occupé de poste officiel ; en revanche, on cultivait la poésie, et Li grandit dans une ambiance littéraire. En 1404, il est l'un des 472 lettrés reçus aux examens de « doctorat » et l'un des grands lauréats de la promotion. Cela lui vaut d'être nommé membre de l'Académie de la Forêt-des-Pinceaux, l'un des 28 lettrés distingués par Sa Majesté Elle-même : faveur insigne, comme nous le répètent les biographies rédigées par ses collègues académiciens. A ce titre, il participe à la gigantesque compilation dite *Yongle dadian*, ses loisirs étant consacrés à la poésie. Il est ensuite conseiller au service du protocole du ministère des Rites, un emploi d'une angoissante complexité. Puis l'ascension continue : commissaire politique de gauche pour la province du Guangxi en 1418, il contrôle en particulier l'enseignement et se montre, nous dit-on, administrateur consciencieux. Peu après, la mort de son père et une mauvaise affaire lui font abandonner son poste ; à titre de châtiment, il est commis à la surveillance des corvées ; c'est de cette période de disgrâce que date le *Jiandeng yuhua* (1420).

Avec l'ascension au trône de Renzong (1425), Li Zhen retrouve sa charge, mais cette fois au Henan. On le voit soumettre à l'empereur un mémoire proposant des mesures en faveur de l'enseignement, d'autres contre les sorciers, etc. En 1439, il demande et obtient sa mise à la retraite. Revenu à son pays d'origine, il consacre le reste de ses jours, malgré la maladie, à une intense activité littéraire. Il meurt en 1452, et manque l'inscription au tableau d'honneur des Serviteurs de l'Etat... parce que sa carrière exemplaire est entachée de la publication du *Jiandeng yuhua* ! Du reste de son œuvre, plusieurs volumes de vers et prose, peu nous est parvenu. Ironie du sort, c'est son œuvre peu avouable, celle qui jeta une ombre sur son renom de parfait lettré, qui constitue son legs le plus précieux à la postérité...

Les deux collections successives sont conçues dans le même esprit, rédigées avec un égal talent, et Li Zhen se réclame expressément de Qu You, le titre le proclame assez. Le livre de Qu You comportait originellement quarante « rouleaux » ou chapitres, de cinq histoires chacun, mais cette version disparut du vivant même de l'auteur ; durant son exil, en 1421, parut une édition abrégée en quatre rouleaux : celle dont on dispose aujourd'hui, et qui ne représente par conséquent qu'un dixième de l'original disparu. Elle semble avoir été imprimée sous Yongle (avant 1425), précédant une nouvelle impression sous Wanli (1573-1620), tandis que des récits isolés étaient repris dans d'autres ouvrages.

Quant au livre de Li Zhen, rédigé vers 1419-1420 dans la région de Pékin, il dut paraître en 1433 ; il comprenait, sur le modèle du précédent, quatre rouleaux, soit vingt nouvelles. Les préfaces multiples qui l'accompagnent (œuvres d'amis, connaissances et admirateurs de l'auteur, selon l'usage entre lettrés) soulignent à l'envi la beauté et l'éclat du style, et la haute qualité des poèmes, plus nombreux encore que dans le texte de son prédécesseur.

L'originalité de ces collections, qui, ne l'oublions pas, étaient avant tout distractions de lettrés, à rebours des graves et licites occupations de la littérature sérieuse, tient en effet à d'éminentes qualités de forme, qui en firent le succès. Les lecteurs chinois ont vanté la perfection de la langue et du style, ont fait l'éloge des poèmes, et ont admiré avec gourmandise la diversité d'une écriture où le talent éclate dans tous les genres littéraires brefs : poèmes variés, ballades, poèmes à chanter, essais, documents officiels, harangues, prosopopées, lettres... tous sont représentés, et les collègues mandarins durent en déguster à loisir les merveilles ! Mais un autre charme, non moins savant, non moins raffiné, de ces recueils, tient à la qualité de l'élaboration des intrigues, ourdies à petit bruit mais avec minutie ; les auteurs, servis par une riche imagination, savent choisir des situations qui impliquent progression et surprises ; ils les campent vivement, les enrichissent de détails distrayants, voire piquants, toujours significatifs, mais ménagent ce faisant d'imperceptibles évolutions, et savent comme personne tirer le tapis sous nos pieds, nous faisant subrepticement passer du réel au surnaturel, et nous entraînant dans d'étonnantes fantasmagories. Et tout cela s'opère avec une économie de moyens qui est une loi du genre, en Chine comme ailleurs.

Quelle que soit la beauté des descriptions, véritables

poèmes en prose, et quel que soit le plaisir que nous prenions, nous aussi, aux peintures de paysages, aux vagabondages parmi les sites célèbres, nous ne pouvons pas ne pas remarquer que la toile de fond des nouvelles de Qu You et de Li Zhen, ce sont les sinistres guerres civiles et leurs ravages, qui endeuillèrent le pays à la fin de la dynastie mongole ; on ne trouve d'ailleurs, chose curieuse, nulle sympathie particulière pour les Ming. Toutes les nouvelles se situent dans les dernières années des Yuan, avant 1368 ; aucune explication n'est avancée, ni même tentée : les faits bruts sont énoncés, drames, deuils et violences étant sans doute encore assez frais dans les mémoires pour que ce soit suffisante évocation ; on mentionne simplement la présence de chefs d'insurgés comme Zhang Shicheng et Fang Guozhen, qui dirigèrent des soulèvements considérables dans la région du bas Yangzi, entraînant notamment les ouvriers des salines et les contrebandiers du sel, les marins et les pirates de la région, et disposant à certaines périodes d'une immense sphère d'action. Mais prêtons une oreille plus fine, scrutons le texte, et nous découvrirons que, par des procédés indirects — c'était, à l'époque, une question de survie ! —, les notations « sournoises » abondent, les « mauvaises pensées » sont pratiquement omniprésentes : la critique est permanente contre l'horreur des guerres, contre les tares et les abus de la société, contre la corruption des mandarins, contre la cruauté des puissants, l'iniquité de la condition féminine, les contraintes de toutes sortes. Ces opinions avancées, ce ton subversif sont remarquables, tout autant que l'absence d'animosité envers les occupants mongols. Le lecteur vigilant saura tirer ses conclusions en s'absorbant dans ce petit miroir de la société du temps, où se peignent surtout les classes moyennes. Et il semble hors de doute que les lettrés du début des Ming aient perçu ces intentions critiques, bien plus pernicieuses, aux yeux des autorités, que les passages jugés licencieux ou immoraux.

Si Qu You connut de son vivant la célébrité, le retentissement de son recueil dura après sa mort, puisque c'est alors que les autorités sévirent et proposèrent de le brûler. Pourtant, son livre continuera à être imprimé, de façon plus ou moins clandestine, jusqu'au milieu du XVIIIe siècle. De son vivant, Qu You avait pu en voir le rayonnement par la *Suite* qu'en donna Li Zhen ; de plus, nombre de livrets d'opéra lui empruntèrent ses thèmes, que l'on retrouve dans plusieurs pièces fameuses. Phénomène encore plus surprenant, plusieurs nouvelles classiques de Qu You réapparaîtront sous la forme de *huaben*, ces contes en langue vulgaire qui furent si fort en vogue sous les Ming, avec Feng Menglong et consorts.

Li Zhen connut lui aussi la renommée, et son recueil fut très prisé sous les Ming (1368-1644), jusqu'au moment où il fut supplanté par une œuvre mirifique comme les *Contes extraordinaires du pavillon du loisir* de Pu Songling, et tomba dans un oubli complet, ne survivant qu'en *huaben* et livrets d'opéra.

La destinée des deux collections, et leur influence de longue durée, devait être plus remarquable encore à l'étranger. Après un passage en Corée (et des traductions au XVIe siècle), les livres de Qu You et Li Zhen gagnèrent le Japon où, maintes fois traduits, ils devaient marquer durablement la littérature fantastique de l'époque d'Edo, et être considérés comme une part importante du patrimoine littéraire chinois. C'est d'abord un certain Nakamura qui traduisit, en mêlant les traditions fantastiques chinoise et japonaise, trois nouvelles de Qu You (*L'épingle d'or au phénix, Les lanternes-pivoines, La grotte de Shenyang*), et les publia en 1648. Vers la même date parut une traduction de huit nouvelles, puis, en 1666, Asai Riyôi publia son *Togibôko,* une traduction où les patronymes et toponymes étaient japonisés. L'œuvre eut d'immenses répercussions, en particulier sur les recueils fantastiques de Tsuga Teishô (*Hanabusazôshi,* 1749) et de Ueda Akinari (*Ugetsu monogatari,* que les lecteurs français ont pu goûter dans la traduction de R. Sieffert : *Contes de pluie et de lune*). Hayashi Razan (*Kwaidan zensho,* 1643) avait, lui, adapté des récits de Qu You et Li Zhen. Aux XIXe et XXe siècles, les traductions se sont succédé, sans parler d'un chapelet d'adaptations et d'imitations : soit trois siècles de succès ininterrompu.

Mais l'œuvre de Qu You parvint même, incognito pourrait-on dire, jusqu'en Europe ! En effet, l'histoire des lanternes-pivoines, la préférée des Japonais, fut reprise par le passionné de folklore nippon qu'était Lafcadio Hearn (1850-1904) dans son recueil fantastique, parfois glaçant et épouvantable, *Kwaidan.* Les lecteurs de langue anglaise ignoraient sans doute qu'ils se délectaient à une histoire chinoise du début des Ming, comme le firent des lecteurs de langue allemande quand Gustav Meyrink, l'auteur du *Golem,* traduisit l'œuvre de Hearn. On le voit, l'œuvre de Qu You eut une étrange destinée et une gloire dont il n'eût jamais osé rêver !

Le choix de nouvelles qui est présenté ici — les quatorze premières sont de Qu You, les sept autres de Li Zhen — est bien entendu personnel : ce sont celles qui m'ont paru les plus originales et m'ont procuré la plus grande délectation. D'autres, qui auraient pu trouver place dans ce recueil, auraient impliqué un appareil de notes et d'éclaircissements disproportionné ; dans quelques rares cas, j'ai pris la liberté de supprimer un passage ou des poèmes qui, de notre point de vue, nuisaient au déroulement de l'intrigue sans apporter d'éléments importants : cela vaut surtout pour les récits de Li Zhen, qui dispense parfois son talent poétique avec une excessive libéralité. Il va sans dire que ces textes, faits par et pour des lettrés, sont sophistiqués à l'extrême, foisonnants d'allusions et de citations, hérissés de complexités et de difficultés ; certaines phrases, pour ne rien dire de certains poèmes, entretiennent chez le traducteur une salubre anxiété. Au reste, je n'aurais jamais eu l'audace, ou la légèreté, de publier ces traductions, si un parfait lettré chinois, en l'occurrence M. Tchang Foujouei, n'avait accepté de les revoir. Grâces soient rendues à sa science !

Quant au style choisi, j'ai tenté, en tout cas dans la prose (car il y a souvent dans les morceaux poétiques un inévitable « déchet » si l'on tente une restitution en vers français), d'être aussi scrupuleusement exact et concis que possible, mais qui se flatterait d'approcher le poli, le lustré, de l'original, secret et soyeux comme un beau jade, ou comme ces pierres à encre sans prix, exquisement sculptées et patinées ! « En voyant l'arbalète, vous désirez déjà la caille rôtie », disait Zhuangzi. La moitié du chemin est faite : que le lecteur veuille bien faire l'autre.

Jacques Dars

La contrée bienheureuse des Trois Monts

Yuan Zishi était un homme du Shandong ; d'un naturel fruste et obtus, il n'avait reçu nulle éducation, mais il disposait d'un solide patrimoine, et se consacrait à l'exploitation de son domaine. Il y avait dans le même village un certain sieur Miu qui, nommé à un poste de fonctionnaire dans l'ancien pays de Min mais n'étant pas en fonds pour le voyage, alla emprunter à Zishi deux cents onces d'argent. Généreux envers un compatriote du même village, c'est sans demander nul reçu que Zishi avança la somme.

A la fin de l'ère Zhizheng (1341-1367), le Shandong fut ravagé par des troubles. Zishi, pillé par des bandes de routiers, perdit tous ses biens et se retrouva totalement ruiné. A l'époque, Chen Youding assurait l'administration du Fujian et les sept régions du pays de Min étaient fort paisibles. Zishi partit donc et, emmenant femme et enfants, se rendit par voie de mer à Fuzhou, dans l'intention d'aller voir le sieur Miu et de lui demander secours.

En arrivant, il apprit qu'effectivement le sieur Miu était l'un des subordonnés de Chen Youding et que, assumant une haute charge, il détenait grand pouvoir ; il jouissait d'un prestige et d'une puissance considérables, et avait une résidence des plus imposantes. Zishi en fut ravi ; cependant, les malheurs qu'il avait subis, le long et pénible voyage qu'il venait de faire, l'avaient durement éprouvé : ses vêtements n'étaient plus que des guenilles, il avait l'air épuisé et émacié, et il n'osa donc pas aller immédiatement rendre visite à Miu. Il commença par louer un logement en ville, y installa sa femme et ses enfants, fit remettre sa tenue en état présentable et ensuite seulement, après avoir fait choix d'un jour propice, se rendit chez Miu.

Il se trouva que ce dernier sortait justement de chez lui. Zishi se prosterna devant sa monture. Miu eut d'abord l'air de ne pas le remettre, et ce n'est que lorsque Zishi eut mentionné son village natal et décliné son identité que Miu, tout surpris, s'excusa, puis le fit entrer et le traita selon l'étiquette requise entre hôte et visiteur. Pendant un bon moment, on but du thé... et l'on en resta là.

Le lendemain, Zishi s'en fut derechef trouver Miu. Celui-ci lui offrit trois coupes de vin, sans plus ; et, l'air indifférent, il laissa voir qu'il ne se souciait nullement de son bienfaiteur : du reste, il ne fit pas la moindre allusion aux deux cents onces d'argent.

Zishi, rentré dans sa froide et misérable auberge, dut essuyer les violents reproches de sa famille :

« Tu as fait mille lieues, lui dit sa femme furibonde, pour chercher sauvegarde auprès de cet homme, et pour quel résultat ? Présentement, tu t'es laissé acheter par trois coupes de mauvais vin, sans même en profiter pour lui dire un mot au sujet de l'argent ! Alors, nous autres, que pouvons-nous espérer ? »

Zishi fut bien contraint de repartir, le jour suivant, faire une nouvelle visite. Mais cette fois, on lui fit sentir qu'il devenait importun. Au moment même où il allait ouvrir la bouche, Miu lui dit sans ambages :

« Autrefois, tu m'as consenti le prêt d'un viatique, et je suis loin de l'avoir oublié : c'est gravé dans mon cœur ! La charge que j'occupe est assurément bien piètre, et les émoluments que je touche sont insignifiants ; mais, s'agissant d'un ami venu de loin, qui serait assez vil pour oublier un bienfait ? Tout ce que je te demanderai, c'est de me rendre le reçu, et alors je te rembourserai au fur et à mesure le montant correspondant !

— Voyons, s'exclama Zishi pris de panique, nous sommes du même village, et excellents amis depuis l'enfance : quand tu m'as expliqué à quel point tu étais gêné, je n'ai naturellement demandé aucun reçu ! Pourquoi donc, aujourd'hui, parler de la sorte ? »

Le sieur Miu répondit d'un air grave :

« Il y a eu incontestablement une reconnaissance de dette ! Ma seule crainte, c'est qu'à la suite de ces guerres et de ces pillages, ce soit toi qui l'aies perdue ! En tout état de cause, que tu sois ou non en possession de cette reconnaissance de dette, ce n'est pas grave de mon point de vue... mais il faudrait simplement que tu me laisses un certain délai, afin que je sois en mesure de faire tout mon possible ! »

Zishi se borna à acquiescer et sortit, plein de rancœur devant ces ineptes discours et devant une pareille ingratitude ; pour lui, tel un bélier coincé par les cornes dans une claie, il ne pouvait ni avancer ni reculer !

Quinze jours plus tard, Zishi fit une nouvelle visite, fut reçu avec de belles paroles, mais ne se vit pas, en définitive, gratifié de l'ombre d'une sapèque ! A force d'échappatoires et de prétextes dilatoires, Miu réussit à faire traîner les choses pendant quelque six mois...

Au milieu du marché, il y avait un petit oratoire et, quand Zishi se rendait chez le sieur Miu, comme c'était sur son chemin, il s'y arrêtait régulièrement pour se reposer un moment. L'oratoire appartenait à un vieillard nommé Xuanyuan, un taoïste qui avait trouvé la Voie ; il avait maintes fois observé les allées et venues de Zishi, avait engagé la conversation, et les deux hommes étaient devenus grands amis.

C'était l'hiver, et le Nouvel An approchait. Zishi, à bout d'expédients et sans moyens de subsistance, alla trouver le sieur Miu et se prosterna devant lui en pleurant.

« C'est bientôt le Nouvel An, gémit-il, ma femme et mes enfants ont faim et froid, je n'ai plus un rouge liard en poche, et pas l'ombre d'un grain de riz ! L'argent que je t'ai prêté autrefois, je n'ose même plus te le demander aujourd'hui ; tout ce que je voudrais, c'est seulement — seau d'eau pour sauver un poisson sur le sec ! — une gamelle de nourriture pour un affamé de trois jours. Ce serait un cadeau digne d'un ami. Je te supplie et t'adjure d'avoir pitié et compassion, par charité ! »

A ces mots, il se jeta face contre terre. Miu le releva, compta les jours sur ses doigts et dit pour le consoler :

« Il ne reste qu'une décade jusqu'à la nuit de l'An. Attends patiemment chez toi : je prendrai sur mon salaire deux piculs de riz et deux lingots d'argent, qui seront portés d'urgence à ta demeure par mes gens ; tu auras ainsi de quoi passer le Nouvel An, et j'espère que tu ne m'en voudras pas de la modicité du cadeau. »

De plus, et Miu insista sur ce point à plusieurs reprises, il ne fallait à aucun prix que Zishi sortît pour attendre tout cela !

Zishi remercia donc et se retira. Il rentra chez lui et réconforta sa famille en rapportant les promesses de Miu.

Au jour dit, toute la maisonnée attendit, pleine d'espérance. Zishi, assis très digne sur son lit, ordonna à son jeune fils de faire le guet à la porte du quartier. Peu après, le gamin rentra en courant et annonça :

« Il y a un homme qui arrive avec un fardeau de riz ! »

Zishi sortit aussitôt pour le recevoir... mais l'homme passa devant la chaumière sans même se retourner. Zishi se dit qu'il ne connaissait pas la maison, le rattrapa et l'interrogea, mais s'entendit répondre :

« C'est un présent pour le précepteur du grand propriétaire Zhang ! »

Zishi rebroussa chemin sans mot dire. Un moment après, son fils rentra derechef annoncer :

« Il y a un homme qui arrive avec de l'argent ! »

Zishi se précipita dehors pour l'accueillir, mais l'homme passa devant la porte sans entrer ; une fois de plus, Zishi le rejoignit et l'arrêta ; on lui dit :

« C'est un cadeau du sous-préfet Li à un visiteur de passage. »

Zishi s'en revint en silence.

Le manège se répéta plusieurs fois et le soir tomba sans que Zishi eût vu, en fin de compte, de messager à son intention. Le lendemain, jour de l'An, il dut se rendre à l'évidence : il avait été berné ! Dépourvu du moindre grain de riz, sans un sou dans son escarcelle, il se trouvait aux abois, face à sa femme et à ses enfants en pleurs. Alors il ne fut plus maître de sa fureur ! En secret, il aiguisa un couteau, puis s'assit pour attendre l'aube ; dès que le coq chanta et que le tambour de veille se tut, il se dirigea sans détour vers la porte de la résidence de Miu, dans l'intention d'attendre qu'il sortît pour le larder...

A cette heure-là, l'aube n'avait pas encore commencé à éclairer l'orient, et les rues étaient désertes ; seul, dans son petit ermitage, le vieux Xuanyuan venait d'allumer une chandelle pour psalmodier ses prières ; assis face à l'entrée, il put voir Zishi, suivi d'une cohorte de plusieurs dizaines de démons aux allures bizarres et aux formes biscornues, certains brandissant poignards ou sabres, certains armés de massues ou de pieux ; nus et échevelés, ils avaient un aspect affreux, terrifiant !

Le temps de manger un bol de riz, et Zishi s'en revint, escorté cette fois d'une bonne centaine de guerriers ayant casques d'or et breloques de jade à la ceinture, les uns tenant éventails et dais, les autres brandissant fanions et bannières : ils avaient un aspect doux et bienveillant, l'air parfaitement calme et pacifique.

Le vieux Xuanyuan réfléchit et se dit que Zishi devait déjà être mort. Aussi, lorsqu'il eut fini de dire ses prières, s'empressa-t-il d'aller chez Zishi... qu'il trouva en parfaite santé. Une fois assis, il s'enquit :

« Ce matin à l'aurore, où vous rendiez-vous donc ? Comment se fait-il que vous soyez passé si précipitamment à l'aller, mais si tranquillement au retour ? J'aimerais bien que vous me l'expliquiez un peu ! »

Zishi n'osa rien lui celer et lui raconta tout :

« La félonie du sieur Miu, dit-il, m'avait mis dans le pire embarras. En fait, ce matin, j'avais glissé dans mon giron une lame blanche comme givre et bien acérée, et je m'en allais le trucider pour me soulager. Mais lorsque je suis parvenu à sa porte, je me suis fait soudain la réflexion suivante : “ Lui est assurément coupable envers moi, mais sa femme et ses enfants, eux, quel est leur crime ? Par surcroît, il a aussi la charge de sa vieille mère, et si maintenant je le tue, où sa famille trouvera-t-elle soutien ? Plutôt subir les félonies d'autrui que d'être moi-même félon... ” Après quoi j'ai pris sur moi d'être patient, et suis revenu. »

En entendant cela, Xuanyuan se prosterna jusqu'à terre et complimenta Zishi :

« Mon fils, de grands bonheurs vous attendent, la clairvoyance divine le sait déjà ! »

Zishi demandant la raison de ces propos, le vieillard expliqua :

« Quand de mauvais desseins vous habitaient, des fantômes funestes sont arrivés, mais dès que vous vous êtes tourné vers le bien, ce sont les esprits du bonheur qui se sont approchés, comme l'ombre suit le corps, comme l'écho répond au son. Par quoi il est évident que, fût-ce au fond d'une pièce obscure, ou dans les moments de désarroi, il ne convient ni de laisser naître de mauvaises pensées, ni de commettre des crimes contre la vertu ! »

Puis il réconforta Zishi en lui narrant le détail des apparitions qu'il avait vues et, de plus, soulagea quelque peu sa détresse en lui donnant riz et argent.

Zishi n'en resta pas moins au comble du désespoir. Quand vint le soir, il se rendit seul au bas du mont des Trois-Esprits, et se jeta dans le puits octogonal qui s'y trouvait.

Or, les eaux s'entrouvrirent soudain, contenues de part et d'autre par des parois de pierre parfaitement lisses, entre lesquelles un étroit sentier permettait juste de passer. Zishi s'avança en tâtonnant au long de la paroi et, au bout de plusieurs centaines de pas, le mur cessa, et le sentier déboucha sur une ouverture où le soleil et la lune brillaient, et où l'on se trouvait tout à fait dans un autre monde ! Zishi avisa un vaste palais avec un panneau portant en caractères dorés :

CONTRÉE BIENHEUREUSE DES TROIS MONTS

Il leva révérencieusement les yeux et entra, parcourant des galeries claires et silencieuses, d'antiques salles d'apparat aux senteurs d'encens, et déambulant en regardant autour de lui sans trouver nulle trace de présence humaine. Seuls lui parvenaient de mystérieux sons de cloches et de lithophones, qui semblaient émis au-delà des nuées. Tiraillé par la faim, il finit par ne plus pouvoir avancer et, à bout de force, il s'endormit près d'un autel de pierre.

Soudain, un taoïste vêtu d'une tunique traînante couleur d'azur, et portant à la ceinture une breloque de jade brillante comme lune, s'avança, lui cria de se lever, puis lui demanda en riant :

« Est-ce que messire l'académicien a trouvé le voyage à son goût ? »

Zishi joignit poliment les mains et répondit :

« Pour ce qui est du goût pris à ce voyage, il ne me reste rien à désirer. Mais quant à ce titre d'académicien, de quelle méprise s'agit-il donc ?

— Ne vous souvient-il pas, repartit le taoïste, d'avoir rédigé les brouillons des édits impériaux pour le Tibet, au palais de la Sainteté-Sublime ?

— Je ne suis qu'un croquant du Shandong, rétorqua Zishi, un malheureux roturier vêtu de bure grossière : en quarante ans d'existence, je suis resté ignare en matière de livres, et de ma vie je n'ai encore fait le voyage de la capitale pour en admirer les beautés ! Alors, comment pourrait-il être question à mon sujet de prétendus brouillons d'édits ?

— Ce sont sans doute les affres de la faim qui vous tourmentent et ne vous laissent point de répit pour vous remémorer le passé ! »

A ces mots, le taoïste sortit de sa manche plusieurs poires et jujubes qu'il fit absorber à Zishi, puis continua :

« Ce sont des " poires de métal et de bois " et des " jujubes de feu " ! Qui mange ces fruits magiques est capable de connaître le passé et l'avenir ! »

Lorsque Zishi eut fini de les manger, il fut comme frappé d'une illumination : et il se remémora, aussi nettement que si c'eût été la veille, l'époque où, grand lettré, il rédigeait les brouillons des édits impériaux pour le Tibet, au palais de la Sainteté-Sublime de Dadu, la capitale mongole ! Il demanda alors au taoïste :

« Quel crime ai-je donc commis dans une précédente existence, pour subir dans celle-ci pareille expiation ?

— Vous n'avez commis nul crime ! Mais lorsque vous occupiez votre charge officielle, tout enorgueilli de votre savoir littéraire, vous avez refusé de tirer de l'obscurité les jeunes talents. C'est la raison pour laquelle, en cette vie présente, vous avez été rendu fruste et illettré. Et c'est pour n'avoir pas, tout imbu de l'importance de votre position, consenti à accueillir les lettrés vagabonds, que vous vous voyez présentement voué à l'errance et dénué de tout appui ! »

Zishi se mit alors à parler des hauts fonctionnaires de son époque et s'enquit :

« Un tel, le ministre, qui est d'une cupidité insatiable et n'agit qu'à coups de pots-de-vin, comment expiera-t-il donc ses fautes à l'avenir ?

— Celui-là, répondit le taoïste, il est le roi-démon des inassouvis et, dans l'univers souterrain, il y a dix fours pour fondre ses richesses mal acquises. D'ailleurs, il touche au terme de son bonheur, car ce qui l'attend, ce sont les épreuves des prisonniers de l'Enfer !

— Et un tel, qui est vice-premier ministre, qui guerroie sans trêve, tue et met à mal les populations innocentes, quelle sera sa rétribution ?

— Lui, c'est le roi-démon des grands criminels ; il y a trois cents guerriers du monde d'en bas, à crânes de bronze et tempes de fer, qui l'assistent dans l'exercice de la cruauté. Maintenant, le destin de cet homme aussi est sur le déclin, et ce qui l'attend, c'est d'être démembré et coupé en morceaux ! »

Zishi demanda encore quel serait le sort du commissaire-inspecteur un tel, impitoyable ordonnateur de peines et de châtiments ; d'un gouverneur de commanderie coupable d'inique répartition des impôts et corvées ; de tel commissaire à la pacification, qui avait commis surtout la prévarication ; d'un gouverneur aux frontières, qui avait le front de gouverner à sa guise ; tous ceux-là, quelle expiation subiraient-ils ?

« Ces gens-là, dit le taoïste, on peut presque dire qu'ils portent déjà les menottes et la cangue, qu'ils ont des chaînes de fer au cou et que, la chair pourrissante et les os vermoulus, ils sont en sursis en attendant l'exécution de leurs débris d'âmes ! A quoi bon faire des comptes ? »

Alors Zishi mentionna la fraude de son débiteur, le sieur Miu.

« Quant à celui-là, dit le taoïste, il est trésorier du général Wang, et de quel droit dispose-t-il inconsidérément des richesses d'autrui ?... D'ailleurs, avant trois ans, des bouleversements dans le destin du monde surviendront, assortis de calamités tout à fait effroyables. Il conviendrait donc que vous choisissiez un endroit où vous établir, faute de quoi vous risquez de subir le sort des poissons d'un étang asséché ! »

Zishi supplia le taoïste de lui indiquer un lieu à l'abri des guerres.

« Fuqing, dit le taoïste, ne serait pas mauvais, mais Funing serait encore mieux ! »

Cependant, après cela, il avertit Zishi :

« Voilà longtemps que vous êtes ici, et votre famille s'inquiète ! Vous devriez rentrer, à présent. »

Comme Zishi se plaignait d'être égaré, le taoïste lui indiqua un petit sentier à suivre. Zishi se prosterna à double reprise et le quitta. Il chemina pendant environ deux lis et trouva un orifice par où sortir sur le versant arrière de la montagne. Quand il parvint chez lui, il y avait déjà quinze jours qu'on l'attendait !

Il emmena en hâte sa femme et ses enfants et se rendit directement dans un village des environs de Funing, où il s'installa, défrichant un champ pour cultiver son jardin. Tandis qu'il maniait la bêche, il y eut un bruit métallique, et il mit au jour quatre lingots d'argent qui étaient enfouis là et permirent une première amélioration de sa situation. Par la suite, quand Zhang Shixin s'empara des sceaux de commandement lors de la capture de leur possesseur, le gouverneur provincial de droite Tash Timour, et quand ses puissantes armées approchèrent de la ville, le vice-gouverneur provincial Chen Youding fut fait prisonnier et, parmi les autres fonctionnaires de sa suite, beaucoup ne parvinrent pas à sauver leur tête. Le sieur Miu, lui, fut mis à mort par le général Wang, qui s'empara de tous ses biens.

En faisant le compte des années et des mois, cela se passa tout juste trois ans après la prédiction du taoïste, qui fut avérée en tous points.

Une rencontre entre amis à Huating

Parmi les lettrés de Songjiang au Jiangsu, Quan et Jia, tous deux fort cultivés, étaient par tempérament désinvoltes, infatués d'eux-mêmes, avec un goût immodéré pour la boisson quand ils étaient déçus ou déprimés, mais au-dessus des mesquineries et petits calculs, et assumant toujours leurs responsabilités en vrais chevaliers errants.

A la fin de l'ère Zhizheng (1341-1367), Zhang Shicheng s'était rendu maître du Zhexi, et Songjiang était une commanderie subordonnée à son fief. Les deux hommes continuèrent à aller et venir dans la région, avec force déclarations de bravaches et grandes rodomontades, comme si personne à côté d'eux n'eût existé. Les gens des grandes familles et hautes lignées, attirés par leur prestige, rivalisaient pour leur faire bel accueil, nul ne voulant être en reste. Quan était l'auteur de ce quatrain :

Mes cheveux gris secouent mon bonnet : dépit de vieillir !
L'aigre bise d'ouest perce ma casaque doublée de duvet ;
Levant les yeux aux cieux, je dois retenir mes soupirs :
Car sinon, arc-en-ciel de mille toises deviendrais !

Et Jia, lui aussi, avait composé un quatrain qui disait :

Entre les quatre mers, brandies sans trêve lances et piques ;
Un lettré, vieillir en forêts et sources ? C'est inique !
Que j'aie en manche une lame des Sources-du-Dragon :
Le sud-est, la moitié du monde me feront soumission !

Comme la plupart des poèmes des deux hommes étaient de cette veine, les gens se mirent à croire davantage encore à l'assurance qu'ils étalaient.

Au cours de l'année 1367, les armées Ming encerclèrent Gusu [Suzhou] sans pouvoir enlever la ville. Qian Hegao de Shangyang leva des troupes pour venir en aide à Zhang Shicheng. Alors, nos deux lettrés, se comparant à Yan Zhuang et à Shang Rang, se présentèrent à sa porte, le fouet à la main, pour participer aux délibérations, après quoi ils enlevèrent Jiaxing et autres commanderies. Peu après cependant, leurs armées furent mises en déroute, et tous périrent dans les flots.

En l'an 1371 de l'ère Hongwu des Ming, Shi Ruoxu, lettré de Huating, se rendit pour affaire dans la proche banlieue de la ville. Lui qui avait été grand ami de nos deux poètes, il eut la surprise de les rencontrer soudain en chemin, suivis d'une escorte de plusieurs serviteurs ! Ils avaient absolument leur air et leur allure d'autrefois, et ils accueillirent Ruoxu par ces mots :

« Sieur Shi, vous allez bien ? »

Ruoxu, oubliant que les deux hommes étaient morts, leur fit un profond salut. On étala une natte et s'assit dans la campagne, puis on bavarda du passé. Subitement, Quan poussa un long soupir et dit :

« Si l'on en croit Zhuge Changmin, “ les pauvres et les humbles convoitent constamment les richesses et les honneurs — mais les richesses et les honneurs, à leur tour, mènent aux périls ”. Or c'est là une théorie fallacieuse ! Si l'on désire richesses et honneurs, comment être en mesure d'éviter les dangers ? En ce monde, est-ce qu'on a le choix de chevaucher la grue de Yangzhou ? Si un homme, un vrai, ne peut pas laisser une réputation parfumée pour cent générations, il doit léguer un renom puant pour dix mille ans à la postérité ! Liu Heida, une fois établi comme souverain des Han orientaux, a dit au moment d'être exécuté : “ Moi qui avais eu la chance de rester chez moi à bêcher mes légumes, c'est par la faute de Gao Yaxian et consorts que je me retrouve ici : pure méprise ! ”... Quelle vulgarité dans ces propos ! Il y a de quoi être la risée de mille générations ! »

Jia intervint :

« Encore le cas de Heida ne mérite-t-il même pas qu'on use de la salive ! Mais si l'on prend exemple de Tian Heng des Han, ou de Li Mi des Tang, on peut tout aussi bien dire qu'il s'agit d'un tintement d'or sur fond de bruit de ferraille ! Heng a commencé par siéger face au sud avec l'ancêtre fondateur des Han, et à se proclamer souverain... avant d'essuyer la honte de se déclarer vassal et de fuir pour habiter les îles de la mer ; il eût d'ailleurs pu y mourir mais, abusé par les paroles des grands princes et des petits feudataires, il est allé jusqu'à la capitale orientale [Luoyang] pour se suicider. Quant à Mi, après qu'il eut levé des troupes, l'ancêtre fondateur des Tang lui fit des compliments par lettre et le recommanda comme chef de l'alliance ; mais lorsque, les troupes vaincues, il franchit les Passes, alors il n'espéra plus en récompense qu'une charge de chancelier. Voilà à quel point il était borné!... Un homme digne de ce nom qui doit mourir, meurt sans faire d'histoires ! Comment peut-on supporter de ronger son frein et d'endêver sous la morgue d'autrui ? Et ce Han Xin, qui s'illustra en favorisant l'entreprise des Han, mais qui finalement fut exécuté ! Et Liu Wenjing, qui à Jinyang fut l'initiateur du règne impérial et mourut en fin de compte de façon infamante ! Ceux-là furent des serviteurs éminents, mais qu'obtinrent-ils des autres ? »

Quan reprit :

« Luo Binwang aida Li Jingye à lever des troupes et promulgua un coupable édit contre l'impératrice Wu ; mais lorsque ses troupes furent vaincues, il lui fut de nouveau loisible de se rendre en excursion à l'Ermitage-Surnaturel et de réciter des vers sur le parfum céleste des canneliers ! Huang Chao harassa la Maison des Tang et ses crimes furent inexpiables, mais lorsqu'il eut échoué dans son dessein, il rasa sa chevelure et se vêtit de noir, puis prit la fuite et disparut, laissant un distique qui disait : “ Quand on a fini de porter l'armure, on porte des bonzes la bure ! ”... Des hommes comme ces deux-là, qui furent capitalement criminels mais qui réussirent à finir leurs jours en échappant aux malheurs, on peut dire que leur intelligence et leur habileté sont souveraines ! »

Jia dit en riant :

« Si l'on scrute ainsi les choses, nous autres, nous devrions être tout honteux ! »

Mais Quan se hâta d'ajouter :

« Quand nous avons la chance qu'un ami soit assis avec nous, inutile de perdre du temps à parler de sujets qui ne servent qu'à accroître vainement notre douleur ! »

A ces mots, il défit la casaque de soie verte qu'il portait et la donna à un domestique, avec l'ordre d'aller au village voisin l'échanger contre de quoi boire.

Quand le vin fut là, les trois hommes trinquèrent et burent plusieurs tournées. Ruoxu dit aux deux amis :

« Messires, d'habitude, vos poèmes et compositions diverses étaient dans toutes les bouches. La réunion d'aujourd'hui, ne voudriez-vous pas la commémorer par quelque brillante improvisation ? »

Alors ils réfléchirent un moment et c'est Quan qui fut le premier à composer un poème régulier, qu'il psalmodia et qui disait :

Des ans, les feux de guerre jusqu'à l'horizon ;
Dans l'amas des os blanchis passent les saisons ;
Du Yu pouvait, victime, pleurer larmes de sang,
Et Deng You ne voulut ni fils ni descendant.
Tel un porc blanc, alors sujet d'étonnement ;
Mais nous, grenouilles en puits, si bornés à présent !
Ce paysage printanier, qui en dispose ?
Centaurée sur les sables, fleurs sauvages écloses...

Jia continua par un poème régulier qui disait :

Sillonnés des oiseaux, faubourgs déserts, sans vie ;
Habitants, murs, remparts, tout est anéanti !
Os séchés sur le sable, pourquoi les enterrer ?
Spectres ensanglantés qui n'ont pas où rentrer.
Brouet ou repas froids, nul pour les préparer ;
Larmes sur la tunique : soleil couchant pleuré.
Incertaine, l'existence, et tout à l'avenant ;
Regrets de n'avoir pu déployer son talent...

Lorsque Jia eut fini de dire ces vers, Ruoxu s'exclama avec surprise :

« D'habitude, messires, les poèmes que vous psalmodiez sont d'un optimisme extrême ; vos œuvres d'aujourd'hui, comment se fait-il qu'elles soient si tristes et désenchantées, si différentes des anciennes ? »

Les deux hommes s'entre-regardèrent sans mot dire, et se bornèrent à pousser de longs soupirs pleins d'affliction. Peu après, le vin étant terminé, ils prirent congé et s'en allèrent.

Quand ils eurent fait une dizaine de pas, ce fut le silence parfait et l'on n'entendit plus rien. Ruoxu sursauta de stupeur, et c'est alors seulement qu'il lui vint à l'esprit qu'ils étaient morts ! Il ne voyait autour de lui que les brumes obscures sur les branches des arbres, le soleil déclinant sur les crêtes des monts, avec des corbins qui criaient et des pies qui jacassaient dans les fourrés, rien d'autre.

Il s'empressa de se rendre au village voisin, chez le marchand de vin, et se fit montrer la casaque qui avait été engagée, afin de l'examiner... mais, dès qu'il la toucha, elle tomba en poussière, comme une aile de papillon heurtée par le vent. Ruoxu demanda l'hospitalité pour la nuit ; dès l'aube suivante, il rentra chez lui à toutes jambes, et par la suite, il n'osa plus prendre ce chemin-là !

L'épingle d'or au phénix

Au cours de l'ère Dade (1297-1307), un riche habitant de Yangzhou, le commissaire à la défense Wu, demeurait à proximité du pavillon de la Brise-Printanière. Il était voisin du sieur Cui, de famille mandarinale, avec lequel il était lié d'une amitié extrêmement profonde. Cui avait un fils nommé Xingge, Joyeux ; Wu avait une fille nommée Xingniang, Joyeuse, et les deux enfants étaient encore dans les langes. Cui ayant demandé la fille pour qu'elle devînt l'épouse de Joyeux, le commissaire donna son accord, et une épingle de tête en or, en forme de phénix, constitua le gage de fiançailles.

Sur ces entrefaites, Cui partit en poste dans une région lointaine, et quinze ans passèrent sans qu'on eût la moindre nouvelle de lui.

La jeune fille habitait les appartements intérieurs et avait dix-huit ans. Sa mère dit au commissaire :

« Le jeune homme de la famille Cui est parti depuis quinze ans sans donner signe de vie. Joyeuse est maintenant adulte et il est impensable, pour garder une parole donnée autrefois, de lui faire perdre son temps et les occasions de son âge.

— J'ai promis à mon ami, objecta le commissaire, et par surcroît l'accord est scellé ! Comment pourrais-je manquer à ma parole ? »

Quant à la jeune fille, elle attendait également le retour du jeune homme, avec tant de nostalgie qu'elle en tomba malade ; continuellement prostrée sur son oreiller et sa natte, elle mourut au bout de six mois.

Son père et sa mère la pleurèrent avec une intense affliction. Au moment de la mise en bière, la mère, tenant l'épingle d'or au phénix, caressa la dépouille et dit en pleurant :

« C'est là un objet de la famille de ton époux, mais maintenant que te voici morte, à quoi me servirait de le garder ? »

Et elle fixa l'épingle dans le chignon de la jeune fille, qui fut mise dans son cercueil.

Deux mois après les obsèques, le jeune Cui arriva. Le commissaire l'accueillit et lui demanda ce qui s'était passé.

« Mon père, répondit-il, était juge au tribunal de la préfecture de Xuande, au Hebei, quand il est mort, et ma mère l'avait précédé dans la tombe de plusieurs années. Maintenant, mon deuil vient de prendre fin, et c'est pourquoi je n'ai pas craint les peines d'un voyage de mille lis pour venir ici. »

Le commissaire reprit en versant des larmes :

« Joyeuse, à la piètre destinée, pensait tellement à vous qu'elle est tombée malade et, il y a deux mois, ravalant son chagrin, elle nous a quittés. Présentement, elle a une sépulture provisoire. »

Alors il emmena le jeune homme dans la pièce mortuaire et, quand ils furent devant le cercueil contenant le cadavre, ils firent brûler les sapèques de papier sacrificielles pour lui dire adieu, tandis que la maison entière résonnait de pleurs et de gémissements.

Le commissaire dit ensuite au jeune homme :

« Puisque votre père et votre mère sont morts, que la route est longue, et que vous êtes venu présentement ici, vous pouvez manger et dormir chez moi. Le fils de mon ami est mon fils, et je ne veux pas qu'à cause de la mort de Joyeuse vous soyez traité comme un étranger ! »

Il fit prendre les bagages du jeune Cui, et l'installa dans un petit bureau sur le côté de la porte de la résidence.

Une quinzaine de jours plus tard, il se trouva que c'était la fête de la Lumière-Pure.

Le commissaire, dont la fille venait de trépasser, se rendit au champ des morts avec toute sa maisonnée.

Joyeuse avait une sœur cadette nommée Qingniang, Heureuse, qui avait treize ans, et qui ce jour-là partit avec tout le monde. Seul le jeune Cui fut laissé à la garde de la maison.

Quand vint le crépuscule, on s'en retourna et il n'y avait plus que quelques restes de jour quand le jeune homme alla accueillir le cortège, à gauche de la porte : il y avait deux palanquins, et le premier était déjà rentré ; le second arriva et alors, ce fut comme si quelque chose tombait à terre, car il y eut un bruit métallique. Le jeune homme attendit que le palanquin fût passé, puis s'empressa d'aller ramasser l'objet : c'était une épingle d'or en forme de phénix.

Il voulut la porter à l'intérieur pour la rendre, mais la porte centrale était déjà close et il ne lui fut pas possible d'entrer. Il regagna donc son petit bureau, alluma la chandelle et resta assis tout seul, songeant qu'il n'était plus question de mariage et qu'il se trouvait seul au monde, provisoirement hébergé chez autrui — situation qui ne pourrait durer —, et il poussa à maintes reprises de profonds soupirs.

Juste comme il allait se coucher, voici qu'il entendit, *toc, toc*, frapper à la porte. Il demanda qui était là, n'obtint point de réponse... mais quelques instants plus tard, on frappa derechef, et le manège se reproduisit trois fois.

Alors, il ôta la barre, regarda et aperçut une belle jeune fille debout à la porte ! Voyant le battant ouvert, elle souleva vivement le pan de sa jupe et entra, à la grande surprise du jeune homme. La fille, prenant une humble contenance, lui glissa dans un murmure :

« Vous ne reconnaissez pas votre servante ? Je suis Heureuse, la petite sœur de Joyeuse. Tout à l'heure, j'ai lancé l'épingle à bas du palanquin : est-ce que vous l'avez ramassée ou non ? »

A ces mots, entraînant le jeune homme, elle voulut se coucher avec lui. Mais le garçon, en raison du traitement généreux dont il était l'objet de la part du père, s'y refusa en protestant :

« Je n'ose ! »

Il résista donc avec la dernière vigueur, et cela à deux et trois reprises. Or, soudain, la fille devint écarlate de colère et menaça :

« Mon père te traite avec les plus grands égards, comme un fils ou un neveu, il t'héberge dans sa maison... Or, toi, tu m'attires ici en pleine nuit, et dans quelle intention, hein ? Je m'en vais tout raconter à mon père, te traîner devant les tribunaux, et tu n'auras, je te le garantis, aucune chance de t'en tirer ! »

Le jeune homme, terrifié, ne put faire autrement que céder !

A l'aube, la fille s'en alla. Dès lors, entrant secrètement au crépuscule du soir, elle sortait non moins secrètement au crépuscule de l'aube, et leurs relations avaient lieu dans le petit bureau près de la porte ; elles se poursuivirent pendant un mois et demi.

Une nuit, la fille lui dit :

« J'habite au fond des appartements réservés, et tu es, toi, installé dans un logis extérieur — et ce qui se passe présentement entre nous, personne, par bonheur, n'en a encore eu vent. Mais je crains sérieusement qu'un événement heureux n'arrive pas sans épreuves, que nos rendez-vous amoureux ne soient facilement contrariés : si un beau matin l'affaire s'ébruitait et devenait manifeste, j'aurais à essuyer reproches et blâmes de ma famille, et alors, on verrouillerait la cage et enfermerait le perroquet, on battrait le canard pour terroriser les canards mandarins ! Et si je suis prête de grand cœur à souffrir à cause de toi, je redoute plus que tout de t'attirer des ennuis. Mieux vaut donc prendre les devants et nous enfuir en emportant le trésor, et aller, soit nous terrer dans un village perdu, soit cacher nos traces dans un district reculé, dans l'espoir qu'il nous sera donné de couler des jours heureux et de vieillir ensemble sans être jamais séparés. »

Il approuva hautement le bien-fondé de ce plan et repartit :

« Ta proposition est pleine de sens, et j'y avais justement réfléchi. »

Mais il songea qu'il n'était qu'un pauvre orphelin, sans famille ni amis et, quoiqu'il eût envie de prendre la fuite, où pouvait-il bien aller ? Or, il avait souvent entendu son père dire que son vieux serviteur Jin Rong, un homme de toute confiance et droiture, habitait Lücheng, près de Zhenjiang, où il était cultivateur.

« C'est le moment, se dit-il, d'aller chercher asile auprès de lui, en espérant qu'il ne nous repoussera pas. »

Et la nuit suivante, à la cinquième veille, avec un léger bagage, lui et la jeune femme sortirent, louèrent un bateau pour passer le fleuve à Guazhou, puis allèrent d'une traite à Danyang, où ils se renseignèrent parmi les villageois et apprirent qu'il y avait effectivement un certain Jin Rong, considérablement riche, qui était actuellement chef de cent familles du village. Le jeune homme, transporté de joie, alla sans détour frapper à sa porte. Tout d'abord, l'homme ne le remit pas, mais lorsqu'il lui eut dit le nom, le prénom, le titre et le pays natal de son père, ainsi que son propre prénom de lait, alors l'autre se souvint et le reconnut : il installa une tablette votive en l'honneur du défunt et pleura son maître, puis se mit au service du jeune homme et se prosterna devant lui en protestant :

« Voici mon jeune maître ! »

Le jeune Cui, de son côté, lui expliqua la raison de sa venue. Jin Rong vida la salle principale pour y installer son hôte, qu'il servit comme il avait servi son ancien maître : vêtements, nourriture, il lui fournit tout plus qu'à suffisance.

Et le jeune couple demeura chez Jin Rong pendant près d'un an. Heureuse dit un jour :

« Au début, craignant les reproches de mon père et de ma mère, j'ai, comme dame Zhuo Wenjun, pris la fuite avec toi : un expédient dû au fait que nous ne pouvions faire autrement. Mais maintenant, “ le vieux grain est mangé, le grain nouveau est mûr ”, les jours et les mois s'écoulent rapidement, et une année a passé. De plus, tout le monde aime ses enfants, et si maintenant je m'en retourne, la joie du revoir empêchera, c'est sûr, tout grief à mon endroit. D'ailleurs, mes père et mère m'ayant donné le jour, et leurs bienfaits étant insurpassables, comment pourrais-je rompre à jamais les relations avec eux ? Eh bien, pourquoi n'irions-nous pas leur rendre visite ? »

Le jeune homme accepta la proposition ; ils passèrent le Yangzi et entrèrent dans la ville de Yangzhou ; comme ils allaient atteindre la maison, la fille dit :

« Voilà un an que j'ai pris subrepticement la fuite, mais si je revenais maintenant à l'improviste avec toi, ils pourraient, je le crains, se fâcher. Alors, tu devrais y aller le premier et voir comment cela tourne, pendant que j'amarrerai la barque ici en t'attendant. »

Au moment où il partait, elle le rappela, et lui remit l'épingle d'or au phénix en disant :

« Si jamais ils manifestent doute ou refus, tu n'auras qu'à sortir ceci et le leur montrer, cela suffira. »

Lorsque le jeune Cui arriva à la porte, le commissaire Wu, informé de sa présence, sortit joyeusement l'accueillir et, contre toute attente, s'excusa en disant :

« L'autre fois, je ne vous ai pas traité avec assez d'égards, c'est ce qui a fait que vous ne vous êtes pas senti bien chez moi et avez préféré aller ailleurs : c'est la faute du vieil homme qui vous parle ! Par bonheur, vous ne m'en tenez pas rigueur ! »

Le jeune homme se prosterna face contre terre, sans oser relever la tête, se bornant à répéter inlassablement qu'il avait commis un crime capital !

« Mais de quel crime parlez-vous donc ? demanda le commissaire. Bannissez vite pareils propos ! Faites-moi la grâce de tout me dire, et délivrez-moi des soupçons et des soucis qui m'assaillent ! »

Alors le jeune homme se releva enfin et expliqua :

« L'an passé, en raison du secret de nos relations derrière la courtine, et de l'intensité de l'amour qui nous liait, Votre fille et moi, j'ai pris sur moi d'être taxé de déloyauté, violé l'interdiction des relations illicites, et sans rien dire épousé Votre fille ! Puis nous avons furtivement pris la fuite pour aller nous tapir au fond d'un village et, pendant de longs mois, nous avons disparu et " fait les morts " sans donner la moindre nouvelle. Cependant, malgré notre attachement conjugal, comment oser oublier ce que nous devons aux parents ? Aujourd'hui, j'ai respectueusement ramené Votre fille ici, comme une jeune mariée qui revient prendre des nouvelles de ses parents, et je vous supplie de considérer la profondeur de nos sentiments pour lui pardonner sa grave faute et permettre que nous vieillissions ensemble dans une éternelle harmonie. Les grandes personnes ont la bonté de gâter leurs enfants, et ceux-ci ont la joie de faire l'harmonie de la maison : telle est notre attente, avec l'instant espoir que vous aurez pitié ! »

En entendant ces propos, le commissaire sursauta de stupeur et répondit :

« Ma fille est couchée, malade, et garde la chambre depuis maintenant un an, refusant même bouillie ou soupe de riz, ayant besoin de quelqu'un pour se tourner sur le côté !... Comment cette histoire serait-elle possible ? »

Le jeune homme se dit que le commissaire craignait de jeter le discrédit sur sa maison et que, pour cette raison, il niait la situation avec de beaux discours. Il reprit :

« En ce moment, Heureuse se trouve à bord de la barque,

et vous pouvez envoyer des gens pour la faire transporter ici. »

Le commissaire, bien qu'il n'en crût rien, ordonna quand même à ses domestiques d'aller en toute hâte voir ce qu'il en était... Mais quand ils arrivèrent, ils ne trouvèrent personne !

Tandis que le commissaire interrogeait avec courroux le jeune homme et lui reprochait ses fables ineptes, le jeune Cui sortit de sa manche l'épingle d'or au phénix, qu'il lui présenta. En la voyant, le commissaire, au comble de la stupéfaction, s'exclama :

« Mais c'est un objet qui avait été inhumé avec ma défunte fille Joyeuse ! Comment peut-il se retrouver ici ? »

Comme il était plongé dans des abîmes de perplexité, voici que Heureuse se leva soudain de sa couche et s'en fut d'une traite devant la grande salle, où elle se prosterna devant son père et déclara :

« Infortunée Joyeuse que je suis, j'ai dû quitter prématurément mon vénéré père, pour me trouver reléguée au fond de faubourgs désolés. Mais les affinités qui me liaient au fils de la famille Cui n'étaient pas rompues, et si je viens aujourd'hui ici, c'est uniquement dans l'intention expresse qu'il se remarie avec ma chère petite sœur Heureuse. Si vous voulez bien accéder à ma requête, ma maladie guérira aussitôt ; si vous refusez ma proposition, ma vie touchera à son terme ! »

Toute la maison, dans les transes, la considérait : son corps était celui d'Heureuse, mais sa voix et ses manières étaient celles de Joyeuse !

Son père lui demanda :

« Mais puisque tu es morte, comment se fait-il que tu

réapparaisses dans le monde des humains pour y semer le trouble et la perturbation ?

— Certes, répondit-elle, je suis morte, mais les autorités des Enfers, considérant que je n'avais commis nulle faute, ont levé les interdits et m'ont permis d'entrer au service de la déesse Hou, à qui je transmets les lettres et les rapports. Comme mes vicissitudes terrestres n'étaient pas à leur terme, on m'a accordé une année de congé spécial pour venir épuiser avec le jeune Cui cette portion de karma ! »

Le père, ému par ces propos et leur accent de sincérité, consentit. Aussitôt, elle se composa un visage et remercia avec des prosternements, puis elle prit la main du jeune Cui et, avec des soupirs et des pleurs, lui dit adieu. Elle ajouta encore :

« Mon père et ma mère me donnent leur permission ! Songe, toi, à faire un bon gendre, et à ne pas oublier l'ancienne par amour de la nouvelle ! »

A ces mots, avec de violents sanglots, elle s'effondra sur le sol et quand tous l'examinèrent, ils virent qu'elle était morte !

Ils se hâtèrent de lui faire avaler bouillon et potion... et peu après, elle revint à la vie, toute maladie guérie, ses mouvements et son allure étant redevenus normaux. En revanche, questionnée sur les événements passés, elle n'en avait pas la moindre idée, absolument comme si elle sortait d'un rêve !

Ensuite, on choisit un jour faste pour les nouvelles noces du jeune Cui. Ce dernier, touché par l'amour de Joyeuse, s'en fut au marché vendre l'épingle de tête au phénix et en obtint vingt lingots, qu'il consacra intégralement à l'achat d'encens, de cierges et de monnaie de papier ; il offrit tout cela au monastère des Fleurs-de-Joyaux, en disant aux taoïstes de faire des sacrifices de trois jours et trois nuits en guise d'action de grâces. C'est alors qu'elle lui apparut de nouveau en rêve pour dire :

« Je te suis très obligée de m'avoir recommandée pour une promotion dans l'au-delà, et les sentiments que j'éprouve toujours, bien que nous vivions dans les mondes séparés du Clair et de l'Obscur, font qu'en vérité je te garde une profonde gratitude ! Ma petite sœur est douce et accommodante, veille à la traiter avec bonté ! »

Tout surpris et affligé, le jeune Cui s'éveilla. Dès lors, il ne la revit plus jamais. Hélas ! combien c'est étrange !

Le pavillon des Parfums-Réunis

Parmi les riches personnages de la commanderie de Wu [Suzhou], il y avait un certain Xie, qui au début de l'ère Zhizheng (1341-1367) résidait au-delà de la porte Changhe, et qui était de son état négociant en grains. Il avait deux filles : la première, prénommée Lanying, Fleur-d'orchidée, et la seconde, Huiying, Fleur-de-cattleya ; toutes deux étaient aussi intelligentes que belles, et s'entendaient à la composition de poèmes réguliers et d'airs de cour. Leur père avait fait édifier derrière sa demeure un pavillon où les loger, et l'avait baptisé pavillon des Parfums-Réunis d'Orchidée et de Cattleya.

Il se trouva qu'un bonze du temple de la Grâce-Céleste, nommé Xuechuang, Fenêtre-neigeuse, était grand aquarelliste et expert à peindre les orchidées ; aussi enduisit-on de blanc les quatre murs du pavillon et le convia-t-on à venir y exercer son talent ; et lorsqu'on montait dans ce pavillon, on avait l'impression de pénétrer dans des pièces pleines de fleurs sous la brise printanière !

C'est là que les deux jeunes filles passaient leurs jours et leurs nuits à psalmodier sans interruption des poèmes. Elles avaient composé plusieurs centaines de poésies régulières, qui formaient un recueil intitulé *Orchidées et Cattleyas*, et les amateurs étaient nombreux à se les transmettre et à se les réciter.

A la même époque, Yang Tieya de Guiji venait justement de composer ses *Airs des rameaux de bambou du lac de l'Ouest*; plus d'une centaine de poètes y avaient fait écho, et le tout, imprimé, se trouvait chez les libraires. En voyant cela, les deux jeunes filles se dirent en riant :

« Près du lac de l'Ouest, il y a des "Airs des rameaux de bambou" : pourquoi l'est du pays de Wu serait-il seul à n'en pas avoir ? »

Et, sur le modèle du recueil original, elles firent dix pièces intitulées *Airs des rameaux de bambou de la terrasse de Suzhou*, que voici :

Ronde est la lune sur la terrasse de Gusu,
Doux, le clapotis sous la terrasse de Gusu;
La lune décline à l'ouest, mais elle reparaîtra :
L'eau qui coule vers l'est, qui sait quand reviendra?

Au palais de Guanwa, daims et cerfs vont vaguant.
Xi Shi la belle parmi les Cinq Lacs va voguant.
Où êtes-vous, os de jade, âmes parfumées?
Ô menue Su, au coteau du Tigre inhumée!

Au coteau du Tigre, pagode étagée où luit
La lampe du Bouddha, dans la nuit sans bruit.
Brûlant l'encens au temple avec des compagnons,
De l'épingle de tête aux bonzes l'on fait don.

Ancrés à la porte, du pays de Wu les grands bateaux;
Cris de corbins, lune au déclin, comme brume les eaux.
Au temple du Mont-Froid déjà on sonne l'aube; dormeur
Accablé devant les érables, feux de pêcheurs.

Oranges dorées de Dongting, fines et jaunes,
Poissons argentés de Lize, longs d'un quart d'aune :
Spécialités du Sud-Est, peu connues, exquises :
Dignes d'un empereur, ce sont mets de requise !

Roseaux, bambous, mélia vont éclore et fleurir,
Mais sciènes et tétrodons, eux, tardent à venir !
Des relents de poisson sur la ville à l'aurore,
Voici des prises vives apportées du port.

Peupliers et saules sont bien verts, puis jaunis :
On voit à leurs couleurs les instants abolis.
Comme rameau de saule je m'étiole aisément ;
Comme chaton de saule, lui danse effrénément !

Martins-pêcheurs volant à deux sans s'appeler,
Canards mandarins dormant, jamais esseulés !
Odieux, le pont de la Ceinture-Précieuse, où
L'eau va moitié à Wu, moitié vers le Taihu !

Sombre nuée, en phénix, coiffure à ruban ;
Mais peigne d'ivoire, en V, blanc comme l'argent.
Contre la porte rouge appuyée, sur le seuil,
De combien de passants mit-elle le cœur en deuil ?

Le pavillon altier monte jusqu'au ciel bleu ;
Écrans peints, balustrades à la queue leu leu.
Ayant les « Airs de la terrasse de Su », plus
De Chants au lac de l'Ouest pour cueillir les lotus !

Les autres poèmes furent également trouvés réussis, et l'on voit à quel point les deux jeunes filles étaient douées !

Lorsque Yang Tieya en eut une copie, il y ajouta de sa main deux quatrains qui disaient :

Œuvres de Xue Tao, que rien, au Jinjiang, ne surpasse ;
D'Orchidée-Cattleya poèmes, à Wu, se passent ;
Brillantes et galantes, raffinées, assorties,
Ce sont deux purs joyaux dans les banquets fleuris !

Comme Yuanfang et Jifang célèbres uniment,
Et Yingying à Qiongqiong ne le cède nullement.
C'est d'un pinceau joyeux, ô brise printanière,
Que je vais pour leur luth improviser des vers.

Dès lors, la renommée des deux sœurs se répandit partout à la ronde : tout le monde se dit que Ban Zhao ou la fille de Cai Yong étaient réapparues et que, depuis les poétesses Li Qingzhao et Zhu Shuzhen, personne n'avait été à leur hauteur.

Le pavillon des jeunes filles donnait sur le Grand Canal, par où passaient tous les bateaux et toutes les jonques.

Or il y avait à Kunshan un jeune homme du nom de Zheng, lui aussi de grande famille ; son père était un ami intime du marchand Xue, et c'est pourquoi il décida de lui faire ouvrir un négoce dans la commanderie de Wu. A son arrivée, le jeune Zheng amarra son bateau au bas du pavillon, et il s'en remit à Xue pour la direction de l'affaire. Le jeune homme étant le fils de son vieil ami, Xue le laissa aller et venir librement dans la maison, sans restriction. Le fils Zheng était dans tout l'éclat de la jeunesse, d'un tempérament affable et doux, d'un naturel raffiné et d'une grande distinction.

Au cours d'un mois d'été, tandis qu'il prenait un bain à l'avant de son bateau, les deux jeunes filles l'observèrent à la dérobée par une fente de leurs jalousies et lui lancèrent une couple de litchis ! Bien que le jeune homme eût compris le message, lorsqu'il leva les yeux pour considérer la hauteur vertigineuse du pavillon, la « crête volante » des toits qui se perdaient dans l'empyrée, il se dit qu'à moins d'avoir des ailes il ne pourrait jamais parvenir là-haut !

Mais quand la nuit fut avancée et quand la clepsydre fut vide, quand la lune baissa et quand le Bouvier déclina, alors un silence parfait régna, et le jeune homme alla se placer à bord de son bateau, comme s'il eût attendu quelque chose... Et soudain on entendit un murmure étouffé à une fenêtre du pavillon ; il jeta les yeux de côté et d'autre et vit, suspendue à la corde qui servait à la balançoire des jeunes filles, une corbeille en bambou qui vint choir devant lui : il s'y installa et fut emporté vers le haut !

Lorsqu'il vit les deux beautés, il fut transporté de joie à en perdre la parole ; elles l'entraînèrent vers la chambre à coucher, et ils s'unirent avec toute l'ardeur de la passion. L'aînée improvisa un quatrain qu'elle offrit au jeune homme et qui disait :

Degrés de jade, balcons sculptés, fleurs à éclore,
Qui lors de la rencontre étaient boutons encore ;
Leur gracieuse beauté ignore pluie et vent,
Attendant protection du Maître du printemps !

Et la cadette, rimant aussi, fit de même :

La lampe baisse, fond les volutes du parfumoir ;
Secoués, écran du lit, courtine d'ivoire...

Plaisirs d'amour au poisson dans l'eau se comparent :
Juste arrivé de-ci, de-là déjà repart !

A l'aube, le jeune homme reprit place dans la nacelle et descendit. Et dès lors, il ne se passa plus de nuit sans rendez-vous.

Les deux belles firent tant de poèmes qu'il est impossible de les noter tous, et le jeune homme, honteux de n'avoir pas répondu sur le même mode, et voyant une nuit sur la table un rouleau de fameux papier de Shanxi [au Zhejiang], dit « feuille de jade », humecta le pinceau et y traça le poème suivant :

En intrus au sommet du Penglai pénétrant
Parmi pivoines et hibiscus avançant,
Je suis comme un papillon, de parfums voleur,
Qui tout le jour, vagabond, joue parmi les fleurs !

Lorsqu'elles trouvèrent ce poème, les deux sœurs, ravies, le cachèrent dans un coffre. Mais quand ils se mirent au lit, le jeune homme leur demanda de psalmodier quelque chose, et l'aînée chanta :

Fleurs sur la même tige, rameaux entremêlés,
Joyaux brillants, sans prix, perles immaculées...

Sur quoi la puînée enchaîna :

Quelle chance d'avoir Xiao Shi, unies dans la joie,
Quelle aubaine d'avoir Dai Kui, portées par l'émoi...

L'aînée reprit :

Poussière sur le cache-gorge : l'âme vogue à l'aventure ;
Sur l'oreiller l'épingle de jade : dénouée, la chevelure...

Et la puînée continua :

Si le secret de notre amour devait un jour filtrer,
Point ne regretterions cette nuit égarée...

L'ensemble forma finalement un double quatrain.

Une autre fois, après minuit, le jeune homme dit brusquement, en soupirant avec tristesse :

« En fait, je ne suis qu'un hôte de passage qui a trouvé momentanément asile dans votre demeure, et tout ce que nous avons fait jusqu'à présent a échappé à votre père... mais un beau matin, tout peut transpirer et il y aura des entraves à notre amour. Alors, ne faut-il pas dès maintenant partager le miroir de Lechang ? Qui sait quand le sabre précieux de Yanping sera réuni à l'autre, de la Source du Dragon ? »

A ces mots, il se mit à gémir et à sangloter. Les deux belles lui dirent :

« Nous sommes des créatures vulgaires et insignifiantes, nous le savons pertinemment... Mais, longtemps recluses dans le gynécée, nous avons une vague teinture de Classiques et d'Histoires dynastiques : et nous ne sommes pas sans savoir que les liaisons illicites sont réprouvées, que les trésors bien cachés sont les plus précieux ! Cependant, les lunes d'automne et les fleurs de printemps, cela nous fendait le cœur de les voir passer en vain, et nos sentiments vagabonds comme les nuages, notre nature instable comme l'eau, nous n'avons pas pu les maîtriser ! Jadis, il y eut bien Song Yu qui fut indiscrètement regardé par-dessus la muraille, et Bian He qui de son propre chef fit présent d'un joyau... Touchées par le fait que tu n'aies pas fait fi de nous et que tu aies daigné abaisser vers nous des yeux bienveillants, bien que les six rites du mariage n'aient pas été célébrés, tu peux compter sur la fermeté de notre résolution ! Alors que notre désir est de partager notre couche avec toi et de te servir éternellement, pourquoi parler soudain comme tu fais et susciter toi-même des doutes et des obstacles ? Sieur Zheng, sieur Zheng, nous avons beau être des filles, nous avons soigneusement ourdi un stratagème ! Si jamais notre père apprend ce qui s'est passé, il nous faudra essuyer des reproches, mais s'il agrée notre requête, nous deviendrons tes épouses ! Si, en revanche, il n'en agit pas conformément à nos plans, alors il faudra qu'il vienne nous chercher près des Sources-Jaunes, car jamais, au grand jamais, nous n'épouserons un autre homme ! »

En entendant cela, le jeune Zheng fut bouleversé de reconnaissance.

Peu après, son père lui manda par lettre de rentrer à la maison. Le père des deux sœurs, voyant quelles réticences il montrait à repartir, ne manqua pas, pour sa part, d'avoir de puissants soupçons.

Un jour, monté dans le pavillon, il trouva dans le coffre le poème du jeune homme et en fut cloué de stupeur ! Mais puisque les choses en étaient déjà là, il n'y avait plus rien à faire, et il se dit que le jeune Zheng était dans le bel âge et d'une parfaite élégance, et que les deux familles étaient par ailleurs tout à fait assorties par le rang social. Il envoya donc une lettre au père du jeune homme, afin de lui faire savoir ses intentions, et ce dernier répondit favorablement.

Une entremetteuse fut en conséquence chargée de faire les tractations entre les deux familles, de prendre les renseignements et de remettre les cadeaux de fiançailles ; puis le mariage eut lieu. A cette époque, le jeune homme avait vingt et un ans, l'aînée des sœurs en avait dix-neuf, la puînée, dix-sept. Dans le pays de Wu, nombre de gens furent au courant de cette affaire et certains la colportèrent à titre de charmante anecdote.

Linghu se rend en songe aux Enfers

Linghu Zhuan était un lettré de tempérament vaillant et droit, qui par nature ne croyait ni aux dieux ni aux diables, et était fort à l'aise dans son arrogance. Quiconque abordait la question des démons et des esprits, de leurs métamorphoses, des enfers ou de la rétribution, essuyait immanquablement ses rebuffades d'une suprême insolence.

Dans le voisinage de sa maison, il y avait un certain Wulao, immensément riche, d'une cupidité sans bornes, qui ne reculait devant aucun forfait et était célèbre pour ses funestes agissements. Un soir, malade, il trépassa... mais trois jours après sa mort, il était ressuscité ! A qui lui demandait une explication du prodige, il répondait :

« Après mon décès, ma famille a fait en l'honneur du Bouddha des œuvres pies considérables, et offert en holocauste des monceaux de sapèques de papier, qui ont été agréés avec plaisir par les Tribunaux souterrains. Moyennant quoi j'ai pu revenir en ce monde ! »

Lorsque Zhuan apprit cela, il manqua s'étrangler de fureur et s'exclama :

« Originellement, je pensais que c'était seulement ici-bas que les mandarins cupides et les fonctionnaires corrompus se faisaient graisser la patte et tournaient les lois ; que les riches s'assuraient l'impunité par des pots-de-vin, tandis que les pauvres, n'ayant rien en poche, ne pouvaient que subir les châtiments ! Comment aurais-je imaginé que c'était encore pire aux Enfers ! »

A la suite de quoi il composa le lampon suivant :

Pour cent sapèques de débours,
Votre âme sera de retour !
En tous endroits, publics ou privés, il n'importe !
L'intérêt bien compris ouvre toutes les portes.
Esprits, démons, trop bons, ouvrent la voie de vie,
Soleil et lune méfaits secrets n'éclairent mie !
De l'aide du Bouddha si le pauvre est lésé,
Le riche a les faveurs du Ciel, et c'est aisé !
Si j'avais su qu'il n'est pas de rétribution,
J'eusse amassé pour mes enfants or et millions !

Quand il eut fini ce poème, il le relut et se le psalmodia plusieurs fois.

Cette nuit-là, il avait allumé une chandelle et était assis seul, quand soudain deux démons émissaires des Enfers, à l'aspect hideux et féroce, s'avancèrent droit sur lui et dirent :

« Sur ordre des Tribunaux souterrains, vous êtes appréhendé ! »

Zhuan, au comble de la stupeur, n'eut pas même le temps de trouver une échappatoire : un des diables l'attrapa par ses habits, l'autre le saisit à la ceinture, puis ils le poussèrent rapidement dehors ; ses pieds ne touchaient même pas terre... et en quelques instants, ils furent arrivés !

Il vit alors les vastes Tribunaux officiels, comparables aux trois cours et chancelleries du monde. Les deux émissaires lui firent franchir la porte ; il aperçut à distance, au haut de la cour, un prince coiffé d'un bonnet officiel, qui siégeait près d'une table et compulsait des dossiers. Les deux émissaires, coinçant Zhuan, le forcèrent à s'agenouiller au bas des degrés, tout en rendant compte de leur mission :

« Conformément aux ordres, Linghu Zhuan a été appréhendé, et le voici ! »

Sur quoi on entendit le prince répondre d'un ton rogue :

« Il a eu beau étudier les Livres confucéens, il ne sait quand même pas s'imposer de mesure : il ose proférer des insanités et calomnier mon Tribunal ! Il mérite d'être déféré aux Enfers du labour des langues ! »

Aussitôt, un groupe de soldats-démons se saisit de Zhuan afin de l'entraîner. Zhuan, terrorisé, se cramponna à la balustrade pour les en empêcher ; mais soudain, elle céda et il clama :

« Moi, Linghu Zhuan, je suis dans le monde des hommes un lettré confucéen ! C'est sans avoir commis nul crime que je subis un châtiment, le Ciel auguste le sait, et je Le supplie de daigner examiner mon cas au miroir de Sa sagesse ! »

On vit alors paraître à la cour un dignitaire muni de la tablette de son grade ; vêtu d'une tunique verte et appelé Mingfa, Loi-éclairée, il vint respectueusement déclarer au prince :

« Cet homme aime dénoncer les fautes secrètes ! Si on lui inflige un châtiment tout à trac, il refusera à coup sûr de se soumettre. Mieux vaudrait exiger de lui la confession des exactions dont il est coupable ; ainsi, ses crimes seront clairement punis, et il ne saura protester.

— Approuvé ! » rétorqua le prince infernal.

Un clerc vint alors poser devant Zhuan du papier et de

l'encre et voulut le contraindre à faire une déposition écrite, mais Zhuan s'obstinait à proclamer qu'il était innocent et qu'il ignorait quels aveux il devait faire ! Tout à coup, une voix tonna en haut de la grande salle :

« Vous prétendez n'être pas coupable ? Et cela : “ Pour cent sapèques de débours, votre âme sera de retour ”, et cetera, qui donc en est l'auteur ? »

A ce moment-là seulement, Zhuan comprit tout ! Alors il prit le pinceau et rédigea, en grands caractères, l' « aveu » suivant :

En toute humilité : lorsque, du chaos originel et des deux Principes, le Ciel et la Terre eurent pris forme séparément, les Trois Pouvoirs ne comportaient pas de place pour les esprits et les démons. Il faut descendre jusqu'à la moyenne Antiquité pour qu'apparaisse la multiplicité, pas avant. Alors, on fit brûler monnaies et soieries pour communiquer avec les esprits, on récita les textes des soûtras pour amadouer le Bouddha. Après quoi, dans les montagnes célèbres ou parmi les vastes lacs, il y eut partout du surnaturel ; et dans les temples antiques ou dans les monastères, il y eut de nombreux patrons. Or les êtres vivants sont aveugles et perdus dans les ténèbres, les créatures sont bornées et ignorantes, soit qu'elles perpètrent des vilenies par incapacité à se réformer, soit qu'elles commettent des exactions par pur plaisir. Aussi les forts outragent-ils les faibles et s'appuient-ils sur les riches pour gruger les pauvres. En haut, point de piété filiale envers le prince ou les parents, en bas, point d'harmonie dans les clans et les villages. On convoite les richesses en tournant le dos à l'équité, l'intérêt en vue fait oublier les faveurs reçues. Les portes du Ciel sont hautes, et l'empyrée lui-même ignore tout cela ! Les Tribunaux infernaux sont profonds, avec leurs dix cours successives, où sont instituées les prisons souterraines où l'on râpe et brûle et pile et meule; où sont préparées les catégories de rétribution dans le cycle des réincarnations, afin que les bons soient encouragés à faire encore plus d'efforts, tandis que les méchants sont convaincus par leurs punitions de respecter les commandements. C'est là ce qu'on peut vraiment appeler le Suprême Mystère de la Loi, la Suprême Egalité de la Voie!... Pourtant, lorsque vient l'exécution des ordres stricts — que l'on considère le passé ou que l'on se tourne vers l'avenir —, lorsque viennent les réalisations de l'intelligence éclairée, alors au contraire on scrute le petit et on laisse passer le grand : les pauvres sont incarcérés pour subir les supplices, quand les riches sont relaxés et échappent aux châtiments! On ne fait que « ramasser l'oiseau que l'arc a blessé » et « laisser filer la baleine capable d'engloutir le bateau »... Décemment, le règlement des récompenses et des punitions ne devrait pas être tel!

Ainsi par exemple, moi, Zhuan, avec mes trois vies — passée, présente, future — de citoyen dérisoire, mon sort de lettré infime et misérable, réduit aux expédients et aux palliatifs, je ne puis éviter les cris de faim de mes enfants et les pleurs de ma femme, et dois jouer vaille que vaille du pinceau pour m'assurer à peine une survie des plus précaires! Et si d'aventure je me plains de cette iniquité, j'essuie immédiatement de longs reproches! Alors, il ne sert à rien que, de remords, je me morde le nombril, ni que, de honte, je file, la queue basse, en implorant pitié! Présentement, vous m'avez fait la grâce de me dire les chefs d'accusation portés contre moi, et obligé à rédiger mes aveux : quand on touche les écailles du dragon près de la gorge et tente de l'atteindre sous le menton, comment oserait-on espérer s'en tirer vivant? Et quand on empoigne le tigre par la tête et lui tresse la moustache, on est certain d'aller à la catastrophe! Je n'en dirai donc pas davantage et, humblement prosterné, j'implore qu'on examine mon cas!

Lorsque le prince infernal eut fini de parcourir cette confession, il porta ce jugement :

« La thèse soutenue par Linghu Zhuan est fort correcte, et il ne semble guère possible d'y trouver à blâmer ; sa détermination est inflexible, et il ne convient pas de lui infliger une contrainte injuste. Les arguments dont il fait état, tout bien considéré, sont assurément raisonnables. Qu'il lui soit donc loisible, à titre exceptionnel, d'être libéré et de s'en retourner, afin que soit célébrée une droiture rare et digne des Anciens ! »

Alors il ordonna qu'on lui amenât derechef Wulao, le richard, et le fit jeter au cachot. Puis il chargea de nouveau deux émissaires infernaux de raccompagner Zhuan à son domicile. Mais Zhuan leur demanda avec insistance :

« Moi qui, dans le monde des hommes, suis de mon état lettré confucéen, bien que j'aie ouï parler des affaires des Enfers, je ne les considère pas comme véridiques. Aujourd'hui que me voici dans ces lieux, me serait-il permis d'en avoir un aperçu ?

— Si vous désirez y jeter un coup d'œil, répondirent-ils, il n'y a pas de difficulté à cela ; il faut seulement que nous en référions au greffier du service des Châtiments. »

A ces mots, ils emmenèrent Zhuan au long de la galerie de l'Ouest, et parvinrent à une nouvelle salle : au milieu d'une véritable montagne de listes et de dossiers, le greffier siégeait !

Les deux émissaires entrèrent annoncer la requête de Zhuan. Le greffier, d'un pinceau chargé d'encre rouge, rédigea un billet qu'il leur tendit : les glyphes en étaient semblables à d'antiques caractères sigillaires, et incompréhensibles pour Zhuan. Ce dernier, avec les émissaires, franchit les portes de la cour, et partit vers le nord. Au bout d'environ un li, il vit des murailles de fer d'une hauteur vertigineuse, se perdant dans des brumes de poix qui masquaient le ciel. Il y avait là une multitude de gardes et sentinelles, qui tous avaient des têtes de bœuf ou des faces de démon, le corps de couleur verdâtre, les cheveux et les poils d'un rouge noirâtre ; tous munis d'armes du genre des lances ou hallebardes, ils étaient, qui debout, qui assis de part et d'autre de la porte.

Les deux émissaires ayant montré la carte, on les laissa entrer : et Zhuan vit des damnés en quantité innombrable, auxquels on écorchait la peau, transperçait les chairs, arrachait le cœur, excavait les yeux, parmi des cris atroces et des appels lamentables ; les victimes se tournaient et se retournaient dans les supplices avec des hurlements de douleur qui ébranlaient le sol !

Arrivés à un certain lieu, Zhuan avisa deux piliers de bronze, où étaient ligotés un homme et une femme auxquels les yakshas, armés de coutelas, fendaient la poitrine : estomac et entrailles glissèrent par la plaie béante et furent alors arrosés d'eau bouillante — supplice qui s'appelait le « rinçage ». Zhuan en demandant la raison, il lui fut répondu :

« Cet homme, dans sa vie sur la terre, était médecin ; comme il avait soigné le mari de cette femme, il en vint à avoir avec elle des relations illicites. Mais quand ce fut fait, le mari mourut de maladie et, bien qu'il n'ait pas été tué par ces deux-là, c'est en fonction de leurs intentions que le degré de leur faute a été établi, et assimilé à un assassinat. Voilà pourquoi ils subissent cette punition. »

Ils arrivèrent ensuite en un autre lieu où ils virent des bonzes et des nonnes, tout nus, qu'une troupe de démons était en train d'envelopper dans des peaux de bœuf et de cheval, leur donnant à tous l'allure d'animaux ; ceux qui regimbaient ou hésitaient à y entrer étaient frappés à coups de fouets métalliques, qui leur infligeaient de cruelles et sanglantes blessures. Zhuan demanda encore la raison de ce châtiment.

« Ceux-ci, lui dit-on, qui de leur vivant mangeaient sans avoir labouré la terre, et étaient vêtus sans avoir à tisser, n'ont pourtant pas respecté les commandements et interdits : ils se sont montrés avides de luxure et friands de viande. Aussi sont-ils condamnés à être métamorphosés en une espèce animale, et à peiner au service de l'homme. »

Finalement, ils parvinrent en un lieu annoncé par le panonceau :

DÉPARTEMENT DES FLÉAUX NATIONAUX

Zhuan vit plusieurs dizaines d'hommes assis sur des lits de fer, mains et pieds enchaînés, et écrasés par des cangues de pierre noire. Les deux émissaires lui désignèrent quelqu'un et expliquèrent :

« Celui-ci, c'est Qin Hui, de la dynastie Song. Il a tramé la perte d'êtres loyaux et innocents, et a abusé son souverain : c'est la raison de son grave châtiment. Quant à tous les autres, ce sont également des ministres des dynasties passées, responsables de la ruine de leur pays. Lorsque, à chaque dynastie, il y a changement de mandat céleste, on les chasse aussitôt hors d'ici et lance sur eux des serpents venimeux qui leur mordent la chair, des aigles affamés qui leur becquettent la moelle, jusqu'à ce que, os et chairs, ils ne soient plus qu'un tas de pourriture ! Alors, on les asperge d'eau magique, souffle sur eux le vent du karma, et ils reprennent leur forme originelle. Et les êtres de cette engeance, quand bien même ils endureraient des milliards de calamités, il ne leur serait jamais loisible de renaître ! »

Quand Zhuan eut vu tous les spectacles, il demanda à s'en retourner. Les deux émissaires le raccompagnèrent jusqu'à sa maison. Zhuan tourna la tête et leur dit :

« Vous avez, messires, pris bien de la peine en me reconduisant, mais je n'ai malheureusement nul moyen de vous remercier.

— Loin de nous, rétorquèrent-ils en riant, l'idée d'attendre la moindre récompense ! Tout ce que nous vous demanderons, c'est de ne plus composer de poèmes qui nous occasionnent des fatigues ! »

Zhuan lui aussi éclata de rire.

Après quoi, il s'étira... et ce mouvement l'éveilla : car il venait de faire un rêve !

Quand vint l'aube, il se présenta chez Wulao et demanda de ses nouvelles : l'homme était mort au cours de cette même nuit, à la troisième veille.

Teng Mu, ivre, visite le parc des Paysages-Assemblés

Au début de l'ère Yanyou (1314-1321), Teng Mu, de Yongjia [au Zhejiang], âgé de vingt-cinq ans, était un fort bel homme, habile à composer des poèmes, dont tout le monde chantait les louanges. Comme il avait toujours entendu vanter la splendeur des paysages de la région de Lin'an, il avait grande envie de s'y rendre en villégiature.

En l'an 1314, il alla passer les examens officiels à Shaoxing et envoya à cette occasion une « lettre locale » de recommandation. Quand il arriva à Lin'an, il s'installa en étranger à l'extérieur de la porte des Remous-Dorés, et il ne se passa pas de jour qu'il ne se rendît en excursion aux pics du Nord et du Sud ou aux nombreux monastères du lac de l'Ouest : temple de l'Ermitage-Surnaturel, temples Indiens, temple de la Pure-Mansuétude, de la Pierre-Précieuse, etc., ainsi que Source-de-Jade, source des Tigres-Accourus, mont du Dragon-Céleste, pic Tombé-du-Ciel, grotte de la Chambre-de-Pierre, kiosque de la Source-Froide, cascades solitaires et forêts profondes, falaises escarpées et précipices abrupts, il se rendit à peu près partout.

A la pleine lune du septième mois, il s'en fut admirer les lotus à la Cour-Retirée et en profita pour passer la nuit sur le lac, amarrant sa barque près de la pagode du Pic-du-Tonnerre.

Cette nuit-là, il faisait un clair de lune à y voir comme en plein jour. Teng Mu se sentait tout pénétré par les senteurs embaumantes des lotus ; il entendait par moments le bruit de gros poissons sautant parmi les vagues et le cri des oiseaux nocturnes résonnant sur les berges. Déjà profondément ivre, il s'était couché mais ne pouvait trouver le sommeil : il passa donc ses habits et se leva pour faire le tour de la digue en admirant le paysage.

Il marcha jusqu'au parc des Paysages-Assemblés, où il entra au hasard de ses pas. A cette époque, il y avait déjà quarante ans que la dynastie Song n'existait plus, et les résidences et pavillons du parc, comme la grande salle des Parfums-Réunis, le belvédère de l'Eclat-Limpide, le kiosque de la Lumière-de-Saphir, étaient déjà tous en ruine ; seul, le pavillon occidental du Gué-de-Jade se dressait toujours intact. Teng Mu s'y rendit et, appuyé à la balustrade, s'arrêta pour se reposer un moment.

Soudain, il aperçut une jeune beauté, suivie d'une servante, qui venait du dehors et approchait. « Chignon aérien, mèches brumeuses » — cheveux dans leur naturel désordre —, elle avait de si ravissants attraits qu'on eût cru voir une Immortelle ! Dans le pavillon, le jeune homme retint son souffle pour observer ce qu'elle allait faire.

Or la belle dit :

« Le lac et les montagnes sont comme autrefois, le paysage n'a point changé ! Mais le temps a passé et le monde est devenu différent, et c'est cela qui vous navre le cœur ! »

Alors elle marcha jusqu'au nord du parc et à la Berge-de-Pierre du grand lac, où elle psalmodia le poème que voici :

Au parc du bord du lac, ah ! qu'il est beau, le kiosque !
Promenades anciennes que, revenue, j'évoque.
Chants de marche aux harmonies de « L'arbre de jade »,
Et sur l'air « de Liangzhou », des danses de parade.
Etroite sente, et char accueilli par les fleurs ;
Etang profond, bateau que les saules effleurent.
Gens de jadis, défunts depuis belle lurette !
Avec qui badiner, à qui conter fleurette ?

Teng Mu était un libertin, et d'abord qu'il avait vu la belle, il n'avait déjà plus été maître de ses sentiments. Mais lorsqu'il l'entendit improviser ainsi, démangé d'exercer son talent, il ne put plus se contenir et, de sa cachette, enchaîna en psalmodiant à son tour ceci :

Au parc du bord du lac, le kiosque est magnifique !
Voici que je rencontre au monde un être unique.
Chang'e a-t-elle quitté son palais lunaire,
La Tisserande est-elle descendue sur la terre ?
Je suis emporté par l'élan de ma passion,
De vivre trop beau songe, j'ai bien l'impression...
Que ne suis-je musicien, à Zou Yan pareil,
Pour que le val ombreux s'ouvre au vernal soleil !

Lorsqu'il eut terminé, il s'empressa de sortir du pavillon pour rejoindre l'inconnue qui, loin de montrer le moindre effroi, lui dit au contraire fort posément :

« Je savais pertinemment, messire, que vous étiez ici, et c'est tout exprès que je suis venue vous rendre visite. »

Il lui demanda comment elle s'appelait. Elle dit :

« Votre servante a depuis longtemps déjà quitté le monde

des hommes ! Je vous conterais volontiers mon histoire, messire, si je ne craignais, ce faisant, de trop vous effrayer. »

A ces mots, Teng Mu comprit qu'il avait affaire à un spectre : mais il ne se troubla pas pour autant, et la questionna avec insistance. Elle répondit alors :

« Mon nom est Wei, mon prénom, Fanghua, Fleur-odorante, demoiselle d'honneur du palais de l'empereur Lizong de la défunte dynastie Song. Morte à l'âge de vingt-deux ans, j'ai été inhumée au bord de ce parc. Ce soir, j'étais allée présenter mes devoirs à la précieuse concubine impériale Jia, au temple de la Félicité-Accomplie, et on m'a fait la faveur de me retenir longuement. Je ne me suis pas rendu compte que j'étais en retard pour rentrer... ce qui explique, messire, que je vous aie fait attendre si longtemps ici ! »

Après quoi elle ajouta à l'adresse de sa suivante :

« Plume, voudrais-tu aller chez nous chercher nattes, vin et fruits ? Le clair de lune est si beau ce soir, et par surcroît, messire est là : ce serait trop dommage de laisser passer l'occasion ! Installons-nous donc ici pour admirer la pleine lune. »

Plume obéit et s'en fut. Peu après, elle apporta tapis aux tons pourpres, vases de jade blanc à fioritures sculptées, coupes émaillées couleur d'émeraude, nectar aux effluves enivrants — toutes choses qui n'étaient pas de ce monde. Cependant Fleur-odorante bavardait avec Teng Mu, badinait, riait et récitait des poèmes, et ses propos étaient un ravissement.

Elle dit à Plume de chanter tandis qu'on trinquait, après quoi Plume à son tour proposa que la belle chantât le poème de Liu Qiqing, *En regardant la marée.* Mais Fleur-odorante déclina en disant :

« Devant un homme nouveau, il ne sied pas de chanter des airs anciens ! »

Alors elle composa aussitôt un poème sur le mode lent des *Fleurs de magnolia*, qu'elle fit chanter par Plume, et qui disait :

O souvenirs anciens, ô dynastie passée,
C'est en ces lieux qu'on vit Immortels assemblés.
Terre baignée de lune, degrés ennuagés,
Me voici de retour, manches bleues relevées,
Ramassant l'épingle précieuse incrustée.
Les fastes et splendeurs, comme l'eau ont passé,
Tout cela disparut sans avoir fait son temps,
Et sans laisser de trace : un rêve de printemps !
Baies désertées, lotus dégouttant de rosée,
Digues brisées, nuées aux saules accrochées.

Les deux pics, Nord et Sud, sont là comme jadis,
Mais la Voie impériale est d'herbes envahie.
Chagrin d'avoir quitté pavillons et palais,
Et de voir que les brumes recouvrent les dais
Du Phénix. Mêmement, les bateaux du Dragon
Furent, jouet des vagues, envoyés par le fond.
Plus d'écrans précieux, plus de chambres dorées,
Face aux lampes éteintes, la nuit dure une année !
Bœufs, moutons sur les tertres au soleil couchant,
Moineau, aronde aux bois sous le vent du ponant !

Quand la chanson fut finie, Fleur-odorante resta le visage tout baigné de larmes. Teng Mu lui prodigua des paroles de consolation... et aussi la lutina par des propos subtils, afin de sonder sa réaction.

Alors elle se leva et s'excusa :

« Comme tous les êtres humains trépassés, je vais avec le temps devenir poussière, mais s'il m'était donné de " vous présenter peigne et serviette " et de vous servir, j'échapperais, bien que morte, à la corruption. D'ailleurs, messire, certain distique du poème que vous avez fait tout à l'heure montre, si je ne m'abuse, que vous y seriez fort enclin : " Ah ! être un musicien enchanteur à Zou Yan pareil, pour que le val ombreux s'ouvre au vernal soleil ! "...

— Ce poème de tout à l'heure, repartit Teng Mu, il m'a pour ainsi dire échappé des lèvres, et en vérité je n'avais nulle arrière-pensée ! Comment eussé-je imaginé que des paroles sans conséquence se révéleraient prophétiques ? »

Longtemps après, le disque de la lune se cacha derrière le mur de l'ouest, et la Voie Lactée s'inclina vers les cimes de l'est. Alors la belle ordonna à Plume de ramasser les nattes et dit :

« Ma pauvre masure est trop isolée et rustique pour que vous y séjourniez, messire, et je pense que le pavillon occidental siérait davantage. »

Et, prenant la main de Teng Mu, elle entra, et ils allèrent ensemble s'étendre dans le pavillon ; pour ce qui est des relations sexuelles, cette créature ne différait en rien des femmes du monde des vivants.

Quand l'aube approcha, elle partit en essuyant ses larmes. Lorsqu'il fit grand jour, Teng Mu s'en fut visiter les abords du parc et trouva effectivement la tombe d'une demoiselle d'honneur du palais des Song, nommée Wei Fanghua. A gauche de la tombe, il y avait un petit tumulus qui était la sépulture de Plume. Le jeune homme resta longtemps là, à pousser des soupirs.

Au crépuscule suivant, il se rendit de nouveau au pavillon occidental, où la belle, qui l'avait déjà devancé, l'accueillit en disant :

« J'ai été très touchée par la visite que tu m'as rendue pendant la journée. Cependant, il ne m'est accordé que la nuit, et pas encore le jour ; c'est pourquoi je n'ai pas osé venir te voir. Mais dans quelques jours, il n'y aura plus d'obstacle à cela. »

Dès lors, il ne se passa plus de soir sans qu'ils se retrouvassent.

Au bout d'une décade environ, elle apparut également en plein jour ; alors, le jeune homme l'emmena chez lui, où il l'installa.

Sur ces entrefaites, ayant échoué à ses examens, il lui fallut repartir vers l'est, et Fleur-odorante se montra prête à le suivre de son plein gré.

« Et Plume, pourquoi ne nous accompagnerait-elle pas ? demanda-t-il.

— Etant donné que je me suis mise à ton service, expliqua la belle, il n'y a plus personne dans mon ancienne demeure, et il faut qu'elle reste pour la garder. »

Teng Mu regagna donc avec elle son pays natal, où il la présenta à ses parents et à sa famille comme « une jeune fille d'excellente famille qu'il avait épousée dans la commanderie de Hangzhou ».

Et tout le monde, voyant ses belles manières et sa douceur, ses propos raffinés autant qu'avisés, ajouta foi à cette histoire et en fut ravi. La belle habitait chez le jeune homme, servant les supérieurs selon les rites, traitant les domestiques avec bienveillance ; bientôt, tout son entourage et tout le voisinage furent charmés de son comportement. Par surcroît, elle mettait un grand zèle à tenir sa maison, faisait montre d'une pudeur et d'une réserve exemplaires, et, fût-ce à l'intérieur de la résidence, ne sortait jamais à la légère ; aussi tous furent-ils unanimes à féliciter Teng Mu pour cette vertueuse épouse.

Insensiblement, trois ans passèrent. Au début de l'automne de l'an 1317, Teng Mu prépara son baluchon pour se rendre à la capitale du Zhejiang et se représenter aux examens provinciaux, puis fixa le jour de son départ.

Fleur-odorante lui adressa une requête :

« Lin'an est ma patrie, et depuis que je t'ai suivi ici, trois automnes, déjà, ont passé. A présent, j'aimerais faire ce voyage avec toi, et aller prendre des nouvelles de Plume. »

Teng Mu donna son consentement. Il loua un bateau, ils s'embarquèrent ensemble et allèrent directement à Qiantang, où ils prirent un logement.

Le lendemain de leur arrivée, qui se trouvait être le 15 de la septième lune, Fleur-odorante lui dit :

« Il y a trois ans de cela, c'est au soir de ce même jour que je t'ai rencontré, et aujourd'hui, pour fêter cet anniversaire, accepterais-tu que nous retournions ensemble au parc des Paysages-Assemblés, et reprenions notre ancienne promenade ? »

L'idée lui plut, et ils partirent avec une provision d'arak. Quand vint le soir, la lune monta derrière le mur de l'est, les lotus s'ouvrirent près du rivage du sud ; et la rosée sur les saules, la brume sur les bambous, le balancement des branches sur les berges composaient une scène en tous points identique à celle d'autrefois...

Quand ils eurent marché jusqu'à l'entrée du parc, voici que Plume s'en vint à leur rencontre et se prosterna à l'entrée du chemin en disant :

« Mademoiselle, accompagnant messire, est partie en

voyage d'agrément à la ville pendant trois ans en tout, et doit maintenant avoir épuisé les joies du monde humain. Son ancien séjour serait-il la seule chose qu'elle aurait oubliée ? »

Tous trois pénétrèrent dans le parc et allèrent s'asseoir au pavillon occidental.

Soudain, Fleur-odorante se mit à verser des larmes et annonça à Teng Mu :

« Je te rends grâces de ne pas avoir fait fi de moi et de m'avoir laissée te servir dans l'intimité... mais voici qu'avant d'avoir savouré toute la profondeur de cette félicité, il faut déjà que nous nous quittions pour l'éternité !

— Pourquoi cela ?

— Je suis un être du monde obscur, et j'ai longuement foulé le monde de la lumière, ce qui ne m'est pas permis. C'est parce que j'avais avec toi des affinités prédestinées provenant d'une existence antérieure, que j'ai pour te suivre bravé les interdits. Mais maintenant, ce bonheur touche à son terme, et je vais devoir te dire adieu.

— Dans ce cas, quand sera-ce ? demanda Teng Mu affolé.

— Eh bien, ce soir ! » avoua-t-elle.

Teng Mu fut plongé dans une détresse insupportable. Elle reprit :

« Ce n'est pas que je n'eusse désiré te servir jusqu'à la fin et goûter éternellement le bonheur d'être avec toi, mais mon destin a des limites qu'il ne m'est pas loisible d'outrepasser. En m'attardant davantage, je commettrais une telle infraction que non seulement j'en pâtirais, mais qu'en outre ce serait maléfique pour toi : tu n'es pas sans te souvenir de l'histoire de la fille de Yue ! »

Teng Mu commença à comprendre, mais son affliction et

son chagrin étaient trop forts, et il ne put fermer l'œil de la nuit.

Quand tintèrent les cloches des temples des montagnes voisines et quand chantèrent les coqs des villages lacustres, la belle se leva en toute hâte et lui dit adieu. Elle ôta de son doigt un anneau de jade qu'elle portait et le passa à la ceinture de son amant en ajoutant :

« Dans les jours à venir, quand tu verras ceci, n'oublie pas ton ancien amour ! »

Après quoi ils se séparèrent et elle partit, non sans tourner maintes fois la tête pour le voir encore ; et ce n'est qu'au bout d'un long moment qu'elle disparut.

Teng Mu, bouleversé, rentra chez lui, et le lendemain, il s'en vint faire sur la tombe les sacrifices rituels, qu'il accompagna d'un douloureux billet d'adieu...

Après cela, leurs rencontres cessèrent. Teng Mu demeura seul à son auberge, comme un homme en deuil de son épouse. Lorsque la période des examens fut imminente, il n'eut toujours pas le cœur à se présenter et, tout à sa douleur, regagna son pays natal.

Ses parents et ses proches lui demandèrent la raison de son désespoir : alors seulement il leur révéla toute l'histoire, et elle leur fit pousser à tous de grands soupirs de stupéfaction !

Quant au jeune homme, il ne voulut plus, de sa vie, prendre femme. Un jour, il s'enfonça dans la montagne du Lac-des-Grues afin de cueillir des simples, et ne revint plus jamais.

Les lanternes-pivoines

A l'époque où Fang Guozhen occupait l'est du Zhejiang, chaque année, le soir du Nouvel An, on faisait à Mingzhou grand déploiement de lanternes durant cinq nuits, et tous les hommes et femmes de la ville allaient admirer le spectacle.

En l'an 1360, certain jeune homme nommé Qiao habitait au pied des pentes du mont Zhenming. Comme il venait de perdre sa jeune épouse, il vivait tout solitaire et ne sortait plus : il se bornait à rester debout appuyé à sa porte, et c'était tout.

La nuit du quinze, quand la troisième veille de nuit fut passée, les promeneurs se firent rares. C'est alors qu'il avisa une servante qui portait sur une palanche deux lanternes en forme de pivoine et qui précédait une jeune beauté de seize ou dix-sept ans, vêtue d'une robe rouge à manches couleur de saphir. D'une démarche pleine de grâce et de séduction, elle passa son chemin, allant vers l'ouest. Il l'observa à la clarté de la lune : le charme de son visage et l'éclat de sa jeunesse faisaient d'elle une beauté sans égale ! Captivé à en perdre l'esprit, il ne put se maîtriser et partit à sa suite, pour marcher tantôt devant, tantôt derrière elle.

Au bout de plusieurs dizaines de pas, la jeune beauté se retourna soudain et lui dit avec un sourire :

« Nous qui n'avions originellement nul rendez-vous parmi les mûriers, nous nous rencontrons quand même secrètement au clair de lune ! Voilà qui semble bien n'être pas l'effet du hasard ! »

Il s'empressa de la rejoindre, la salua, mains jointes, et répondit :

« Ma pauvre demeure est à deux pas : daigneriez-vous, belle personne, me faire l'honneur d'y venir ? »

Elle ne fit nulle difficulté et lança aussitôt à sa servante :

« Lotus-d'or, accompagne-nous avec les lanternes ! »

Sur quoi Lotus-d'or fit demi-tour, tandis que le jeune homme prenait la belle par la main et la menait à sa maison. Fou de joie d'être à ses côtés, il s'estimait comblé par sa rencontre : celle d'une créature de rêve ou d'une fée n'eût pas été plus extraordinaire !

Il lui demanda comment elle se nommait, où elle habitait ; elle répondit :

« J'ai pour nom de famille Fu, pour prénom social Liqing et pour prénom personnel Shufang, Pur-parfum. Je suis la fille de feu le juge du district de Fenghua. Après la mort de mon père, notre famille tomba dans la ruine, et comme je n'avais pas de frère et étais la seule de ma lignée à rester en vie, je suis venue m'établir en étrangère, avec Lotus-d'or, à l'ouest du lac. »

Le jeune homme la garda pour la nuit : elle avait une allure ensorcelante, des façons de s'exprimer d'un charme irrésistible ! Ils baissèrent la courtine et, réunis sur l'oreiller, goûtèrent ensemble des délices infinies. A l'aube, elle prit congé et partit, mais quand le soir tomba, elle revint.

Cela durait ainsi depuis bientôt un demi-mois, quand un

vieillard du voisinage, pris de soupçons, fit un trou dans le mur pour les épier : or, à son grand effroi, il vit un squelette tout poudré assis près de la lampe en compagnie du jeune homme !

Au point du jour suivant, il questionna le jeune homme, qui garda le secret sans vouloir répondre.

Le vieux lui dit alors :

« Hélas ! le malheur est sur toi ! Aux hommes la plénitude de la pure lumière, aux fantômes l'immonde profondeur des ténèbres ! Présentement, voici que tu habites sans le savoir avec une créature démoniaque de l'univers obscur, et passes tes nuits sans t'en rendre compte avec un être diabolique et pervers ! Un beau matin, ta force vitale se trouvera épuisée et une catastrophe pernicieuse te menacera.,. Quelle pitié que, dans la fleur de la jeunesse, tu doives déjà être l'hôte du monde souterrain ! Comment ferais-je pour ne pas en être affligé ? »

Alors seulement le jeune homme fut pris de terreur et conta au vieillard le détail de tout ce qui s'était passé. Le vieux dit :

« Puisqu'elle a déclaré habiter en étrangère à l'ouest du lac, tu devrais aller vérifier, pour en avoir le cœur net ! »

Le jeune homme suivit le conseil et se rendit d'une traite à l'ouest du lac de la Lune. Après avoir erré de-ci de-là sur la Longue-Digue, et aux abords du Grand-Pont, il se renseigna chez les habitants de l'endroit, interrogea les passants... mais tous répondirent qu'il n'y avait personne.

Comme le soir tombait, il se rendit au temple Au-cœur-du-lac pour se reposer un moment, arpenta la galerie de l'Est dans toute sa longueur, puis revint à la galerie de l'Ouest, et là, tout au bout, découvrit une pièce obscure où se trouvait le cercueil d'une personne morte loin de sa patrie. Il portait une inscription sur papier blanc disant :

CERCUEIL DE LIQING,
FILLE DE FEU LE JUGE DU DISTRICT DE FENGHUA

Devant le cercueil était suspendue une double lanterne en forme de pivoine, sous laquelle était placée une figurine funéraire représentant une servante, avec au dos deux caractères signifiant :

LOTUS-D'OR

Lorsque le jeune homme vit cela, ses cheveux se dressèrent sur sa tête et il eut la chair de poule par tout le corps ! Il sortit du temple au pas de course, sans oser regarder derrière lui, et cette nuit-là, alla demander l'hospitalité au vieillard d'à côté, tant était grande la terreur qui le tenaillait.

Le vieillard lui dit :

« Le Maître de la Loi Wei, au monastère taoïste du Mystère-Subtil, est un disciple du défunt Parfait Wang, haut dignitaire taoïste. Il est actuellement sans rival en matière d'amulettes. Tu devrais, sans perdre un instant, aller le trouver pour lui en demander. »

A l'aube suivante, le jeune homme se présenta au temple. Le Maître de la Loi, qui l'avait vu venir de loin, s'exclama avec effroi :

« Avec des miasmes démoniaques aussi denses, que viens-tu faire ici ? »

Le jeune homme se prosterna devant le siège du Maître et lui conta toute son histoire. Le Maître lui remit deux talismans rouges, en lui enjoignant d'en placer un sur sa porte, l'autre sur son lit, et en lui interdisant de retourner au temple Au-cœur-du-lac.

Le jeune homme, muni des amulettes, s'en revint et plaça les charmes comme il lui avait été dit.

Dès lors, effectivement, la belle créature ne vint plus.

Un bon mois plus tard, il alla au pont des Brocarts rendre visite à un ami, qui le retint pour trinquer jusqu'à l'ivresse. Alors, complètement oublieux des injonctions du taoïste, il revint en passant droit par la route du temple Au-cœur-du-lac. Il allait atteindre la porte du temple quand il vit Lotus-d'or venir au-devant de lui, lui faire une révérence et déclarer :

« Mademoiselle vous attend depuis longtemps ! Pourquoi avoir fait montre pendant tout ce temps d'une telle ingratitude ? »

Après quoi elle se rendit à la galerie de l'Ouest en compagnie du jeune homme. Ils parvinrent directement à la pièce. La belle, assise, lui fit des reproches :

« Moi qui ne te connaissais pas, je t'ai par hasard rencontré nuitamment et, touchée par tes sentiments, je me suis mise tout entière à ton service, allant te trouver soir et matin, et avec tout mon cœur. J'enrage de voir que tu as prêté foi aux propos d'un maudit taoïste : ils ont semé le doute et le soupçon dans ton esprit au point que tu veuilles me quitter pour toujours ! Devant une pareille ingratitude, je devrais te haïr profondément !... Mais puisque par bonheur nous nous revoyons aujourd'hui, comment pourrais-je me séparer de toi ? »

Cela dit, elle le prit par la main et le mena devant le cercueil... qui soudain s'ouvrit tout seul ! Alors, elle s'y précipita en l'entraînant avec elle, puis le couvercle se referma aussitôt, et le jeune homme mourut à l'intérieur du cercueil !

Le vieux voisin, trouvant bizarre qu'il ne soit pas rentré, le chercha partout à la ronde. Sa quête finit par le mener au temple et à la pièce où le cercueil était entreposé. Là, il vit un bout de la tunique du jeune homme qui dépassait du cercueil. Il demanda aux bonzes de l'ouvrir : le jeune homme était mort depuis longtemps, et son cadavre était couché sur celui de la jeune femme qui, elle, était aussi fraîche que si elle eût été en vie !

Les bonzes dirent en soupirant :

« C'est la fille de feu le juge Fu du district de Fenghua, morte à l'âge de seize ans, qu'on a placée provisoirement ici. Toute sa famille a émigré au nord et n'a finalement plus donné de nouvelles depuis maintenant douze ans ! Nous n'imaginions pas qu'elle pouvait opérer de pareils sortilèges !... »

Alors on inhuma le cercueil, avec la dépouille du jeune homme, à l'extérieur de la porte de l'Ouest.

Or par la suite, lors des jours de mauvais temps et de nuages, lors des nuits sans lune, on vit fréquemment le jeune homme et la jeune femme marcher en se tenant par la main, précédés d'une servante portant une lanterne en forme de double pivoine ; et ceux qui les rencontraient, immanquablement, tombaient gravement malades, en proie par alternance à la fièvre et aux frissons. S'ils s'étaient signalés par une conduite vertueuse et avaient fait les sacrifices complets aux divinités, ils pouvaient espérer une guérison ; dans le cas contraire, ils ne se relevaient pas !

Les habitants, qui en avaient grand-peur, allèrent à l'envi

trouver au temple du Mystère-Subtil le Maître Wei, pour faire appel à ses services.

« Mes charmes et talismans, leur dit-il, ne peuvent agir qu'à titre préventif. Maintenant que les malheurs causés par ce fantôme ont eu lieu, cela sort de ma compétence ! Mais j'ai entendu parler d'un certain “ taoïste à calotte de fer ”, qui habite au sommet du mont de Siming : il sait percer à jour les esprits et les démons, et sa magie est transcendante. Vous n'avez qu'à aller le trouver et lui demander secours. »

Tous s'en furent à la montagne, escaladant les pentes en s'agrippant aux buissons et aux lianes, franchissant les torrents et les ravins jusqu'à ce qu'ils parvinssent au sommet.

Là, il y avait effectivement un ermitage de chaume, et un taoïste assis, appuyé à une petite table, en train de regarder un jeune domestique qui soignait une grue. Tous les arrivants firent cercle devant la cabane, se prosternèrent et expliquèrent ce qui les amenait.

Le taoïste répondit :

« Un ermite qui, caché parmi les forêts des montagnes, peut mourir d'un jour à l'autre, comment possèderait-il des pouvoirs magiques ? Vous vous en serez laissé conter ! »

Et de les repousser avec une fermeté inflexible ! Mais ils insistèrent :

« En fait, nous autres, nous ne vous connaissions pas, nous n'avons fait que suivre les instructions du Maître Wei, du temple du Mystère-Subtil ! »

Alors seulement il céda, non sans rétorquer :

« Le vieillard qui vous parle n'est pas descendu de cette montagne depuis soixante ans, mais puisque ce gamin n'a pas su tenir sa langue, il me contraint à cet ennuyeux voyage ! »

Aussitôt le vieillard, accompagné de son novice, descendit de la montagne d'un pas leste et alerte, et s'en fut d'une traite à l'extérieur de la porte de l'Ouest.

Là, il installa un autel de dix pieds carrés, étala une natte sur laquelle il s'assit bien droit, puis écrivit des talismans, qu'il fit brûler. Et soudain, voici qu'apparurent plusieurs guerriers surnaturels à turbans jaunes et casaques de brocart, à armures dorées et hallebardes ciselées, tous d'une taille de dix pieds et davantage : ils surgirent, altiers, devant l'autel, puis s'inclinèrent en demandant les ordres avec un respect profond.

« Il y a dans les parages, dit le taoïste, des spectres démoniaques qui suscitent des calamités, qui effrayent et harcèlent la population. Comment se fait-il que vous n'en sachiez rien ? Il faut en toute hâte les amener ici ! »

Ayant reçu des ordres, ils s'en furent et revinrent peu après avec le jeune homme, la jeune femme et Lotus-d'or, chargés de fers et de cangues, et poussés à coups de fouet, tout ruisselants de sang.

Le taoïste leur reprocha longuement leurs méfaits et leur enjoignit d'en faire confession écrite. Le chef des guerriers surnaturels leur remit alors papier et pinceau, et ils firent des aveux de plusieurs centaines de caractères, dont voici le résumé :

Aveux du jeune Qiao :

Je reconnais humblement que, vivant veuf et solitaire, debout tout seul appuyé à ma porte, j'ai transgressé les interdits de luxure et succombé aux exigences d'excessifs désirs sensuels. Incapable d'imiter Sun Shu'ao qui, ayant vu le serpent à deux têtes, les trancha et supprima un fléau, je me suis trouvé dans la situation du sieur Zheng qui, ayant rencontré une renarde à neuf queues, fut saisi d'amour et de compassion. Ce qui est fait ne pouvant être changé, où mes remords sont-ils susceptibles de me conduire ?

Aveux de la jeune femme nommée Fu :

Je reconnais humblement que, décédée dans la fleur de ma jeunesse, dénuée en plein jour de tout appui, bien que mes six âmes sensitives aient quitté mon corps, tout mon esprit vital n'était pas encore anéanti. Nuitamment, au clair de lune, j'ai rencontré un être chéri avec qui partager cinq cents ans de délices... de quoi fournir à ceux qui peuplent ce monde des sujets d'histoires galantes pour des milliers et des myriades d'hommes ! Dans mon aveuglement, je ne sais comment revenir en arrière : par quel moyen échapper au châtiment ?

Aveux de Lotus-d'or :

Je reconnais humblement qu'une écorce de bambou raclée fut mes os, qu'une étoffe de soie teinte devint mon embryon, et que je fus ensevelie dans un tumulus funéraire dont quelqu'un — mais qui ? — prit de la terre pour faire une figurine funèbre, avec visage, yeux, organes, cheveux, en tout semblable à un être humain en miniature. Dès lors que cette figurine reçut un nom, il ne lui manqua plus qu'une âme ! Voilà pourquoi j'ai été victime d'une machination ! Comment aurais-je osé jouer les fantômes ?

Lorsque ces aveux furent faits, on les remit au chef des gardes pour qu'il les transmît, tandis que le taoïste écrivait, à énormes traits de pinceau, la sentence que voici :

J'ai entendu dire que, quand Yu le Grand forgea les neuf tripodes, les esprits avec leurs débauches, ou les démons avec leurs secrets, ne purent plus échapper à leur forme ; que quand Wen Jiao alluma sa lanterne en corne de rhinocéros, tous les êtres qui habitaient le palais du dragon du domaine des eaux purent apparaître sous leur vrai aspect. Mais si les voies des Ténèbres et celles de la Lumière sont divergentes, les esprits sont fertiles en stratagèmes et sortilèges : les hommes qui les rencontrent en pâtissent, les êtres qui les subissent en souffrent ! C'est pourquoi, quand le grand spectre entra, le prince Jing de Jin trépassa ; et quand le porc-démon mugit par la lande, il fit mourir le prince Xiang de Qi. Qui attire les malheurs devient spectre malfaisant, qui fait le mal devient un monstre. C'est la raison pour laquelle les neuf mondes célestes ont institué des émissaires chargés d'anéantir les êtres nuisibles, et les dix mondes terrestres ont installé des tribunaux pour punir leurs crimes, afin que les génies des monts, les gobelins, les farfadets et les esprits des eaux soient mis hors d'état de nuire, afin que les yakshas et les râkshas ne puissent commettre leurs ravages.

A plus forte raison si, dans la paix d'un monde sans trouble, d'une époque de calme, les démons, se métamorphosant par de multiples sortilèges, se transformant en arbres ou en plantes, lors des nuits sombres et pluvieuses, lors des aubes blafardes, au déclin de la lune et des étoiles, si donc les démons viennent ululer dans les poutres ou épier dans les chambres sans qu'on puisse les voir : pareils à des essaims de mouches ou à des meutes de chiens, brutaux comme des bœufs et avides comme des loups, aussi rapides que des tourbillons de vent, aussi dévastateurs que des brasiers furieux !

Le jeune fils de la famille Qiao n'a pas pris conscience de ses fautes et il en est mort, mais quelle pitié mérite-t-il ? La jeune femme de la famille Fu, pourtant décédée, était encore pleine de désirs sensuels, ce qui laisse imaginer comment elle était de son vivant ! Quant à Lotus-d'or et à ses fantastiques hâbleries, c'est par le biais d'une statuette funéraire qu'elle a exercé ses trompeurs sortilèges ! Tous ont berné le monde, ont grugé les gens, et leurs forfaits sont un affront aux lois. Comme couple de renards, ils ne sont que luxure ; pire que celle des cailles, leur vicieuse nature ! Mais la mesure de leurs débordements est pleine, et leurs crimes ne sauraient être pardonnés !

Que ce piège à hommes soit désormais comblé, que ces charmes à égarer les gens soient désormais rompus ! Que la double lanterne soit détruite par le feu, et que les coupables soient conduits dans les geôles des neuvièmes Enfers !

Lorsque le taoïste eut prononcé ce jugement, le chef des guerriers exécuta les ordres à l'instant même : c'est alors qu'on vit les trois créatures passer en trébuchant avec des cris plaintifs, puis disparaître sous les coups de leurs gardes.

Quant au taoïste, secouant ses manches en signe de mécontentement, il rentra dans sa montagne.

Le lendemain, tous allèrent le remercier... mais ne purent le voir : il ne restait plus que la hutte de chaume. Ils s'empressèrent d'aller trouver, afin de l'interroger, le Maître de la Loi du temple du Mystère-Subtil, mais une maladie l'avait rendu muet, et il ne put leur dire le moindre mot !

Une étrange rencontre à la digue de la Wei

Au cours de l'ère Zhishun (1330-1332), un jeune homme nommé Wang, rejeton d'une grande famille de lettrés, vivait à Jinling [Nankin]. Il avait la beauté d'un jade froid, l'air lumineux d'une eau d'automne, et son allure était si extraordinairement séduisante que tout le monde l'avait surnommé « le jeune prodige de la famille Wang ». Agé de vingt ans, il n'avait pas encore pris femme. Comme il possédait des terres à Songjiang, il s'y rendit afin de percevoir les fermages d'automne et, à son retour, passa en bateau par Weitang, la digue de la Wei.

Là, il vit dépasser d'un auvent le fanion bleu d'un cabaret aux balustrades rouges, aux fenêtres à lattis contournés, ayant le charme estompé d'un tableau ; de grands saules et d'antiques sophoras mêlaient leurs feuilles jaunies sur le sol ; une bonne dizaine d'hibiscus aux multiples nuances, aux fleurs rouges à peine écloses, se reflétaient en une parfaite harmonie dans l'eau verte, où s'ébattait un troupeau d'oies...

Le jeune homme amarra son bateau au rivage, monta au cabaret et commanda du vin. Puis il se mit à boire, tout en dégustant des pinces de crabes géants déjà brisées et des perches à fines écailles coupées en menus dés ; quant aux fruits, c'étaient des mandarines vertes et des oranges jaunes, des racines de lotus de Liantang et des châtaignes de Songpo ; tout cela arrosé d'un vin couleur de rubis, servi dans des gobelets de porcelaine à fleurs.

Le patron de l'auberge était lui aussi un riche propriétaire, dont la fille, âgée de dix-sept ans, avait appris la musique, savait lire et écrire, et n'avait point les manières du commun.

Elle avait remarqué le jeune homme assis dans la salle et l'avait épié à maintes reprises derrière le rideau ; ce faisant, elle avait laissé voir tantôt la moitié du visage, tantôt le corps entier, ne disparaissant que pour mieux revenir : incapable, en fin de compte, de s'éloigner du beau client, à qui son manège, d'ailleurs, n'avait pas échappé... Et tous deux avaient longuement échangé des œillades.

Lorsqu'il eut terminé son repas et son vin, le jeune Wang sortit de l'auberge et remonta tout triste dans son bateau, comme s'il eût perdu quelque chose...

Cette nuit-là, il rêva qu'il arrivait à l'auberge, franchissait plusieurs portes jusqu'au fond des appartements intérieurs et parvenait enfin à la chambre de la jeune fille : c'était un petit pavillon. Devant le pavillon, il y avait une treille sous laquelle était aménagé un petit bassin d'un diamètre de dix pieds, dallé de belles pierres veinées, où l'on élevait des poissons rouges ; sur les bords du bassin, on avait planté de part et d'autre deux genévriers à fine ramure, dont l'ombre verte dansait doucement ; contre le mur, il y avait un écran de thuyas couleur d'aile de martin-pêcheur et, à la base de cet écran, on avait édifié trois petites montagnes artificielles de pierre, aux sommets abrupts et ravissants ; les plantes, elles, étaient du genre du polygonum à fils d'or ou de l'hortensia, dont les couleurs ne sont pas sensibles au gel ou à la rosée. A la fenêtre du pavillon pendait une cage de bois à fioritures sculptées, enfermant un perroquet vert qui parlait à la vue des humains. Au pavillon étaient accrochées deux petites grues de bois qui tenaient dans leur bec des filaments d'encens à brûler. Sur une table, un antique vase de bronze où étaient fichées quelques plumes de paon ; à côté, des pinceaux, pierres à encre et autres, tout cela dans un ordre et une propreté parfaits. Sur une étagère, de biais, une flûte de jade émeraude, celle qu'utilisait la jeune fille. Au mur enfin étaient collés quatre feuillets d'un papier à mouchetures d'or, inscrits de poèmes réguliers dans la manière des *Poèmes des quatre saisons* de Su Dongpo, calligraphiés dans le style du maître Zhao Mengfu ; mais ces œuvres n'étaient pas signées.

Le premier poème disait :

Neige rouge : fleurs tombées au souffle du vent de printemps ;
Babil à l'ombre des saules : l'oiseau-cent-langues s'entend.
Papillons des demeures de l'est vers celles de l'ouest ont fui.
Les cerisiers de l'an passé cette année portent fruits.
Après les jeux de balançoire, chevelure défaite,
Fard, sueur et parfum tachent la verte chemisette.
La servante, ayant deviné les agréments secrets,
A déjà d'un cruchon d'argent puisé l'eau du thé frais.

Le deuxième :

Comme queues de phénix vertes, feuilles de bananier,
Et les fleurs d'hibiscus, becs de phénix dorés.
Quittant poutres sculptées, deux arondes jeunettes,

Et, flottant, des boutons de lotus sur l'eau verte.
Chaleur caniculaire, jours lents qui vous épuisent,
Clepsydre alentie, fil, aiguille s'immobilisent.
On joue sur le sentier ombré de grenadiers,
A cribler les loriots de fruits de prunellier.

Le troisième :

Grand vent : aux toits, bruit des tinterelles de fer ;
Nuées, rêve rompu, et couche solitaire...
Du parfumoir de jade, vapeurs musquées qui traînent,
Coup d'éventail au ver à soie, ombre incertaine.
De chez qui vient cet air de flûte qu'on entend ?
Lune au déclin, et Voie Lactée vers l'occident.
Pour se teindre en rouge les ongles, on voudrait fort
Broyer la fleur de balsamine en mortier d'or.

Et le quatrième :

Prunus à peine éclos, camélias encore en bouton,
Vent qui secoue le store, faisant danser neige et flocons.
Le lion-couvercle d'argile garde au plateau sa chaleur,
La cage du perroquet a housse brodée de fleurs.
Haleine de soubrette tiédit pinceau à maquillage :
L'eau pour le fard, gelée, s'applique trop mal au visage ;
Toilette faite, levant la tête vers le miroir, on voit,
Sur rameau de daphné, l'épingle-phénix de guingois !

Or la jeune fille, qui avait vu le jeune homme entrer, vint lui faire accueil, le prit par la main et le mena à sa chambre où, dans des transports de félicité, ils passèrent la nuit sur la même couche. Ce n'est qu'au chant du coq que le jeune

Wang s'éveilla... après avoir dormi inconfortablement contre le sabord du bateau !

Mais à dater de ce jour-là, lorsqu'il fut rentré chez lui, il ne se passa plus une nuit qu'il ne fît ce rêve !

Une nuit, avisant la flûte droite en jade posée sur l'étagère, il demanda à la jeune fille de jouer. Elle lui joua donc plusieurs airs de la mélodie *Le vent fait tomber les fleurs de prunus* : les tonalités étaient d'une limpide pureté, le son semblait pénétrer les nues et l'empyrée !

Une autre nuit, comme la jeune fille était près de la chandelle à broder des chaussons de soie rouge, le jeune homme, qui éliminait le lumignon de la mèche, fit par mégarde tomber des déchets sur les chaussons, qui furent tachés d'huile.

Une autre nuit encore, la jeune fille lui fit présent d'une bague d'or fin à pierre couleur d'émeraude, cadeau auquel il répondit de son côté par un pendentif d'éventail en cristal figurant deux poissons. Mais lorsqu'il s'éveilla, l'anneau était bel et bien à son doigt, et lorsqu'il examina le pendentif de son éventail, il vit qu'il avait disparu !

Il trouva cela prodigieux et composa dans le style de Yuan Zhen un poème élégiaque de trente vers sur cette rencontre, pour commémorer ces événements...

Les amateurs de ce genre de poésie furent nombreux à le colporter en se le récitant l'un à l'autre.

L'année suivante, le jeune homme alla de nouveau percevoir ses fermages et repassa par les mêmes lieux. Le patron de l'auberge, tout heureux, le retint et le fit entrer. Le jeune homme, ne sachant ce qu'il lui voulait, hésitait et s'apprêtait à prendre congé, mais lorsqu'ils furent assis, le vieil homme lui avoua franchement :

« La fille unique du vieillard malhabile qui vous parle n'est pas encore mariée. L'an passé, vous êtes venu ici boire du vin, et elle vous a vu par hasard : incapable de dominer ses sentiments, elle est depuis lors tombée malade, elle dort à longueur de temps et parle toute seule, comme font les ivrognes ou les imbéciles ! Et elle a beau prendre médecine, c'est sans effet... Mais voici qu'hier soir, elle m'a dit tout d'un coup : " Demain, le jeune sieur va venir : il faudra que tu ailles l'attendre ! " Au début, je me suis dit que c'était encore une de ses sornettes, et je n'y ai pas ajouté foi ; mais maintenant que vous êtes effectivement de passage par chez nous, messer, je vois que c'est un miracle du Ciel, qui nous octroie cette occasion ! »

Après quoi il demanda au jeune homme s'il était marié ou non, l'interrogea sur sa lignée et son illustre famille puis, enchanté par les réponses, il le prit par la main et l'emmena dans les appartements intérieurs, jusqu'au pavillon habité par la jeune fille.

Or les portes et fenêtres en étaient toutes rigoureusement identiques à celles de ses songes ! Quant aux arbres et aux plantes, à la terrasse et au bassin, aux ustensiles et aux objets divers, tous étaient également ceux qu'il avait vus en rêve !

La jeune fille, entendant le jeune homme arriver, apparut, vêtue de ses plus beaux atours : la somptuosité de sa robe, la richesse de ses épingles de tête et boucles d'oreilles étaient, aussi, parfaitement identiques à celles de ses expériences oniriques.

« Depuis votre départ l'année passée, dit-elle, j'ai pensé à vous avec une intensité extrême, et je vous ai retrouvé chaque nuit en rêve, je ne sais pourquoi !

— Moi aussi, rétorqua-t-il, j'ai fait des rêves identiques ! »

Elle lui raconta en détail comment elle lui avait joué des airs de flûte, elle narra l'épisode des taches d'huile sur les chaussons brodés... En tout point, la coïncidence était parfaite ! De plus, elle lui montra le pendentif de cristal en forme de poisson ; et le jeune homme, pour sa part, lui présenta la bague d'or à pierre couleur d'émeraude, en lui demandant ce qu'elle en pensait !

Tous deux, au comble de la stupéfaction, se dirent que c'étaient là des fiançailles surnaturelles. Alors elle épousa le jeune Wang, et c'est en nouveaux mariés qu'ils repartirent chez le jeune homme, pour vivre ensemble jusqu'à la fin de leurs jours...

Voilà ce qu'on peut appeler une rencontre étrange s'il en fut !

Le maître du bonheur et de la fortune

En l'an 1346 de l'ère Zhizheng, le lettré de Taizhou He Youren, pressé par la misère et les privations, ne savait plus que faire pour survivre. Aussi se rendit-il au temple du dieu des Remparts et des Douves ; là, en passant par la galerie de l'Est, il avisa un panonceau portant l'inscription :

BUREAU DU BONHEUR ET DE LA FORTUNE

Alors, devant l'effigie de la divinité, il fit la prière que voici :

« J'ai vécu quarante-cinq ans, je possède une pelisse pour l'hiver, une pauvre tunique pour l'été, et mon repas consiste en un grand bol de bouillie de riz matin et soir, alors que je n'ai commis nul gaspillage ni méfait ! Je vis dans l'angoisse permanente et le souci de manquer du nécessaire : même pendant les hivers cléments, je souffre du froid ; pendant les années de récoltes abondantes, je suis tourmenté par la faim ; pour m'en aller, je n'ai nul ami intime auprès duquel trouver asile... mais en restant chez moi, je n'ai pas le moindre avoir à garder ! Ma femme et mes enfants me méprisent comme moins que rien, mes compatriotes ont rompu toutes relations avec moi. Dans mon angoisse et ma détresse, je n'ai personne à qui me plaindre. J'ai appris par ouï-dire que vous étiez, puissante Divinité, responsable des richesses et des honneurs, que vous déteniez les droits sur la fortune; que ceux qui vous imploraient étaient aussitôt entendus, et que ceux qui avaient recours à vous n'étaient jamais inexaucés! Voilà pourquoi, bravant d'éventuels blâmes, je prends l'extrême liberté de vous implorer et, retenant mon souffle devant votre autel, je me prosterne humblement en vous suppliant de me révéler le secret de mon avenir, et de me dire quels événements m'attendent! Cette indication me sortirait de mon égarement, me tirerait de mes obscurs errements : car, tel un poisson mourant sur le sec, j'attends la faveur d'un seau d'eau pour revivre; tel un oiseau éperdu, je voudrais une branche où me poser! Comment oserais-je ne pas éprouver de profonde reconnaissance et de vénération pour vos sublimes instructions? Si le passé est sans retour, et l'avenir, déjà impossible à modifier, et si mon pauvre destin est définitivement scellé, j'espère également que vous voudrez bien m'éclairer d'une réponse, afin que j'en sois informé par avance. »

Après cette prière, il s'accroupit derrière l'écran de l'autel.

Or cette nuit-là, dans les deux galeries de l'Est et de l'Ouest, dans toutes les parties du temple, à droite et à gauche, il y eut une profusion de lumières et lanternes, avec une foule considérable de personnages mêlés... et seul le bureau où Youren avait prié resta désert et sans lumière.

Youren demeura dans le noir et, vers la minuit, il entendit la voix d'un crieur qui ouvrait le passage et qui se rapprochait; quand il fut sur le point d'atteindre la porte du temple, tous les juges des divers bureaux s'empressèrent d'aller accueillir les arrivants.

Lorsqu'ils entrèrent, il y eut deux rangées de lanternes de gaze et toute une suite, en cortège solennel. Le gouverneur, en habit de cour et tenant les tablettes de sa charge, monta à la grande salle principale et s'assit ; les divers juges s'en vinrent lui présenter leurs hommages et, quand ce fut fini, retournèrent tous vaquer à leurs affaires. Quant au responsable du Bureau de la fortune et des honneurs, il sortit également du palais, car il faisait partie de la suite du gouverneur et s'en revenait justement d'une audience au Ciel.

Il prit place, et plusieurs juges à turban, ceinture de corne et tenue de soie rouge ou verte, se présentèrent pour l'audience, chacun faisant son rapport sur les affaires qu'il expédiait.

L'un dit :

« Dans telle famille de tel district, on avait gardé vingt mille boisseaux de riz, et récemment, sécheresse et pluies de sauterelles s'étant succédé, le prix du riz a doublé, les districts voisins ont interdit les achats de grains, et parmi les gens des campagnes la famine a fait des victimes. Alors cette famille a ouvert ses greniers pour secourir la population, en se contentant du prix originel, sans chercher de gros bénéfices ; de plus, elle a fait des distributions de brouet aux pauvres et aux indigents, et sauvé de la sorte un très grand nombre de vies humaines. La divinité de ce district en ayant récemment informé mon bureau, qui a eu l'honneur d'en faire le compte rendu au sieur gouverneur, lequel à son tour en a soumis le rapport aux Tribunaux célestes, la longévité de la famille en question a été prolongée de trente-six ans, et il lui a été accordé des émoluments de six cent quarante mille boisseaux de riz. »

Un deuxième dit :

« Dans tel clan de tel village, une femme s'est montrée d'une exemplaire piété filiale : alors que son mari était au loin, sa belle-mère a été atteinte par une grave et longue maladie, que les médecins et les sorciers étaient incapables de guérir. La jeune femme, après jeûne, ablutions et offrandes d'encens, a prié le Ciel en se déclarant prête à donner son corps à la place de celui de sa belle-mère, à se trancher un morceau de chair de la cuisse pour alimenter la malade : en conséquence de quoi, elle a obtenu la guérison. Hier, les Tribunaux célestes ont fait savoir ceci : " La piété filiale de cette bru pénètre le Ciel et la Terre, et sa sincérité émeut esprits et démons ! Il est en conséquence ordonné qu'elle mette au monde deux fils, qui toucheront de riches appointements et apporteront la gloire sur sa maison ; pour finir, elle sera, en guise de récompense, femme titrée et anoblie. " Le gouverneur responsable a fait suivre ces ordres à mon bureau, et cette femme a d'ores et déjà été inscrite sur les registres du bonheur. »

Un autre dit :

« Tel fonctionnaire, nommé un tel, qui avait déjà atteint un grade élevé, et dont le salaire était considérable, insoucieux des services qu'il devait au pays, n'a pensé qu'à assouvir sa cupidité et à s'enrichir encore davantage. Il a accepté trois cents lingots pour rendre un verdict qui bafoue les lois, et pris cinq cents taels d'argent pour léser, contre toute raison, un innocent. Le gouverneur local en a référé à la Cour céleste en demandant le châtiment du coupable. Or en fait, le destin avait alloué à l'homme en question une immense part de bonheur : aussi lui a-t-on accordé une prolongation de longévité de plusieurs années, à seule fin qu'il subisse les désastres qui doivent anéantir son clan ! A présent, conformément aux ordres, je l'ai déjà inscrit sur les registres du malheur, et j'attends seulement que le moment soit venu. »

Un autre encore dit :

« Tel chef de tel village possédait plusieurs milliers d'arpents de terre, mais il était néanmoins d'une avidité insatiable. Il s'est efforcé d'agrandir son domaine et d'engloutir les possessions de son voisin. Ce dernier, impuissant et sans appui, a dû vendre à vil prix ; mais, nouveau coup, l'autre ne lui a même pas payé la somme convenue, et la victime en est morte de rage contenue ! Les Tribunaux infernaux ont déjà envoyé un mandement à mon bureau pour que j'appréhende le coupable et le mette en prison, mais j'ai appris qu'il avait déjà été métamorphosé en bœuf et réincarné dans la famille du voisin spolié, où il expiera ainsi ses méfaits antérieurs ! »

Quand tous eurent terminé leurs comptes rendus, le juge du Bureau de la fortune leva soudain les sourcils et arrondit des yeux stupéfaits, puis poussa de longs soupirs et déclara :

« Vous avez, messieurs, rempli chacun les devoirs de votre charge, récompensé les bons et puni les méchants, et tout cela à la perfection. Cependant, le destin du monde, sur la terre comme dans les cieux, la période de calamités qui menace les vivants, le changement de dynastie, les catastrophes imminentes... tout cela, en dépit de votre excellente administration, tout cela, messieurs, est inévitable !

— De quoi s'agit-il ? » demandèrent-ils d'une voix.

Il expliqua :

« Comme je me trouvais justement à l'audience de l'Empereur céleste, j'ai pu entendre tous les saints discuter de l'avenir : dans quelques années, de grandes guerres éclateront et, au sud du fleuve Jaune et au nord du Yangzi, il y aura d'épouvantables massacres, qui coûteront la vie à plus de trois cent mille hommes. A ce moment-là, à moins d'avoir accumulé les bonnes œuvres et les actes de bonté, à moins d'avoir été d'une loyauté et d'une piété parfaites, personne n'échappera au désastre. Comment se fait-il donc que les êtres vivants jouissent d'une si mince protection qu'ils soient balayés par de tels fléaux ? Ou bien la destinée est-elle déjà si inébranlablement fixée qu'il est impossible d'y échapper ? »

Tous s'entre-regardèrent avec des mines renfrognées et dirent :

« Voilà qui passe nos compétences ! »

Après quoi ils s'en allèrent, chacun de son côté.

Alors seulement, Youren sortit en rampant de dessous l'autel et expliqua avec déférence les raisons de sa visite.

Le juge l'examina mûrement et longuement, puis ordonna à un clerc d'aller quérir les registres, qu'il consulta lui-même. Après quoi il dit à Youren :

« Messer, grand bonheur et grande carrière vous attendent, et vous ne resterez plus longtemps dans la misère ! A partir de maintenant, chaque jour sera meilleur que le précédent et vous conduira de l'ombre vers la lumière. »

Youren désirant en savoir davantage, le juge prit un gros pinceau chargé d'encre vermillon, et traça seize grands caractères sur une feuille qu'il lui tendit. Il lut :

Devant le soleil, aisance ;
Devant la lune, ascension ;
Devant le nuage, décadence ;
Devant l'éclair, disparition.

Youren glissa cela dans son sein, puis se prosterna encore et sortit.

Quand il parvint à la porte du temple, le jour commençait à poindre. Il fouilla précipitamment dans son giron... mais n'y trouva rien du tout !

Rentré chez lui, il conta cela à sa femme et à ses enfants, en guise de consolation.

Or, quelques jours plus tard, voici qu'un grand personnage de la région, nommé Fu, prénommé *Ri*ying (Eclat-du-*soleil*), l'invita à se charger de l'éducation de ses fils ; le traitement mensuel, de cinq lingots, assura à la famille He une relative aisance.

Au total, Youren resta plusieurs années comme précepteur dans la maison de ce personnage.

Sur ces entrefaites, Zhang Shicheng leva des troupes à Gaoyou, et la cour mongole chargea Toqto de prendre le commandement général des armées et de le réduire, tandis que le tuteur impérial Dali *Yue*sha (Sable-de-*lune*) était aux affaires. C'était un homme cultivé et qui appréciait les lettrés. Youren lui proposa, en se jetant devant sa monture, un plan stratégique qui eut l'heur de lui plaire. Il le recommanda à Toqto, et dès lors, Youren suivit l'armée en qualité de conseiller d'état-major et se trouva du jour au lendemain personnage célèbre avec char, chevaux et garde privée.

Puis, lorsque Toqto revint de campagne, Youren, à sa suite, eut une charge à la Cour, foulant le sol de l'Académie et flânant dans les ministères : ce qu'on peut appeler une brillante carrière !

En peu de temps, il fut nommé dignitaire *wenlin*, puis censeur au tribunal des censeurs. Mais un de ses collègues, nommé *Yun*shi Buhua (Pierre-*nuage*), pour lequel il avait une aversion que l'autre lui rendait bien, ourdit une cabale auprès de hauts fonctionnaires, et Youren, dégradé, fut nommé registreur à Leizhou. Il se remémora les mots du juge infernal : *soleil, lune, nuage,* avaient déjà tous trois été vérifiés, et, alarmé, il s'imposa une conduite irréprochable et se garda de toute action répréhensible.

Il était depuis deux ans dans ce poste quand il dut pour certaine affaire en référer à l'autorité centrale. Un clerc du yamen lui tendit un document à viser, et Youren s'apprêta à signer :

« *He, registreur du district de Leizhou.* »

Tandis qu'il maniait le pinceau, un courant d'air souleva le papier et lui fit malencontreusement allonger le dernier trait du caractère *Lei* (tonnerre), le transformant en *dian* (éclair). Hors de lui, il donna aussitôt ordre de faire la correction.

Mais cette nuit-là, frappé d'une maladie subite, il comprit qu'il ne se relèverait pas : il mit de l'ordre dans ses affaires domestiques, dit adieu à sa femme et à ses enfants, et mourut.

En examinant de près ce que les juges avaient rapporté des délibérations des saints célestes à propos de l'avenir, on s'aperçoit que c'est bel et bien après l'an 1351 de l'ère Zhizheng que Zhang Shicheng leva des troupes à l'est de la Huai, tandis que notre dynastie Ming lançait son entreprise à l'ouest de la Huai. Alors, l'affrontement eut lieu, les combats firent rage sans interruption, et dans toutes les commanderies au long de la Huai, le nombre des victimes des catastrophes et des guerres dépassa largement trois cent mille.

Par quoi il est démontré que, sous l'immensité des cieux et à l'intérieur des rivages habités, tout est prédéterminé, qu'il s'agisse, en petit, de la gloire et du déclin, ou des succès et des échecs d'un individu ; en grand, de la prospérité et de la décadence, ou de l'ordre et des troubles d'un empire — et que l'on n'y peut rien modifier !

Quant aux gens du commun qui voudraient inconsidérément, par des astuces ou artifices, changer leur sort prédestiné, ils ne font que perdre leur temps et leur peine !

Le temple rustique de Yongzhou

Dans la campagne de Yongzhou [au Hunan], il y avait un temple à la divinité. Il était adossé aux montagnes et proche des cours d'eau, avec des rivières et des lacs de profondeur périlleuse, aux roseaux jaunes et aux herbes vertes s'étendant à perte de vue; avec aussi une profusion d'arbres géants dont les frondaisons semblaient toucher le ciel et voiler le soleil. Des tempêtes et des orages naissaient fréquemment au-dessus de ces parages, et comme tous les gens les redoutaient, ils révéraient la divinité. Nul de ceux qui passaient par là ne manquait d'offrir au temple un animal sacrificiel : après quoi seulement ils pouvaient poursuivre leur route; ceux qui n'en agissaient pas ainsi se voyaient rejoints par des pluies et bourrasques furieuses, aveuglés par des brumes et nuées ténébreuses à n'y plus voir à un pas... après quoi on ne trouvait plus jamais trace de voyageurs ni de bagages ! Ainsi en alla-t-il durant maintes années.

Au cours de l'ère Dade (1297-1307), l'étudiant Bi Yingxiang, se rendant pour affaire à Hengzhou, s'en vint à passer aux abords du temple. L'escarcelle vide, tout démuni, dans l'impossibilité de faire les offrandes rituelles, il se contenta d'un geste de révérence et s'en fut...

Il avait à peine fait quelques lis qu'une violente tempête se déchaîna, faisant voler le sable et rouler les cailloux, tandis que des nuages de poix et des brouillards noirâtres approchaient dans son dos. Il tourna la tête et vit alors une foule de soldats en armes qui, par centaines et par milliers, accouraient et galopaient à ses trousses ! Il se dit que c'en était fait de lui, et comme en temps ordinaire il savait le *Soûtra du Pivot de Jade*, il se mit, pressé par les circonstances et le danger, à le réciter sans discontinuer, tout en fuyant. En quelques instants, les nuages s'évanouirent, le vent tomba, ciel et terre réapparurent en pleine clarté, et il n'y eut plus un soldat ou cavalier sur ses talons. Sain et sauf de justesse, Bi parvint à Hengzhou, passa au pic de Zhurong et se rendit au temple du Pic-Sacré du Sud où, se remémorant sa récente mésaventure, il rédigea un acte d'accusation, qu'il brûla.

Cette nuit-là, en rêve, des happe-chair vinrent se saisir de lui et l'emmenèrent à un vaste palais, où étaient alignés gardes et sentinelles, et disséminés, intendants et officiers. Les happe-chair le conduisirent devant la salle principale. Il leva les yeux et vit des écrans et palissades de jade, des rideaux et courtines de soie jaune, et une débauche de lanternes et chandelles éclairant tout comme en plein jour ; en tous lieux régnaient un ordre parfait et un silence impressionnant. Bi retint son souffle et attendit les ordres.

Soudain un satellite à habit rouge et ceinture de corne sortit pour crier à la ronde :

« Ordre a été donné de demander avec qui il y a litige ! »

A plat ventre, Bi répondit :

« De mon état lettré impécunieux, d'un naturel fruste et

malhabile, ignorant des moyens d'atteindre gloire et profit, comment oserais-je briguer terres et biens ? Vêtu de toile grossière et nourri de simples légumes, je me borne à remplir les devoirs de ma condition. De plus, n'étant jamais encore entré au tribunal, comment trouverais-je réponse à ses intimidantes questions ?

— Pourtant, dit le satellite, vous avez pendant la journée déposé une plainte ! Quelle affaire s'agit-il d'arbitrer ? »

C'est alors que Bi comprit tout ! Il se prosterna et déclara :

« En vérité, c'est le dénuement qui m'a poussé à partir chercher secours auprès d'un ami. Passant par Yongzhou et aux abords du temple local avec une bourse complètement vide, je n'ai pu faire les offrandes et sacrifices rituels, ce qui a provoqué l'ire de la divinité : bourrasques et pluies ont surgi tout soudain, des soldats en armes m'ont pris en chasse et, dans mon égarement, j'ai trébuché et bien failli être rejoint. Pris d'une terreur panique en me voyant serré de si près, ne sachant à qui m'en remettre, j'ai fini par offenser la sainte divinité, mais en toute sincérité, je ne pouvais faire autrement ! »

Le satellite rentra pour réapparaître au bout d'un moment et annoncer :

« Ordre de procéder à arrestation et confrontation ! »

Aussitôt, voici que plusieurs gardes s'élevèrent dans les airs et partirent.

Peu après ils ramenaient sous bonne escorte un vieillard à favoris blancs, à calotte noire et vêtements de taoïste, qui s'agenouilla au bas des marches du prétoire. Le satellite proclama l'ordre de l'interroger et lui dit :

« Vous, une divinité locale unanimement révérée et vénérée, comment pouvez-vous vous arroger le droit de terroriser les gens par des calamités menaçantes pour extorquer des offrandes sacrificielles, et harceler ce lettré au point qu'il a failli ne pas en revenir ? Quand on fait montre de pareille cupidité, comment espérer échapper au châtiment ? »

Le vieillard se prosterna et répondit :

« Je suis, il est vrai, la divinité du temple rustique de Yongzhou, mais voici plusieurs années que le sanctuaire est occupé par un boa démoniaque : ma force ne peut le soumettre, et je n'ai plus rempli les devoirs de ma charge depuis longtemps. Ces récentes tempêtes déchaînées contre les passants pour réclamer des offrandes sont, sans exception, le fait de cette créature, et nullement ma faute !

— Si telle est la situation, reprit le satellite avec reproche, pourquoi ne pas en avoir fait état plus tôt ?

— Voilà maintenant belle lurette que cette créature est au monde, donnant libre cours à ses maléfices et commettant ses crimes sans que personne puisse se mesurer à elle : les esprits et gobelins tutélaires ou familiaux obéissent à ses ordres, les dragons surnaturels et les serpents venimeux se conforment à ses directives ! Chaque fois que j'ai voulu m'enfuir pour porter plainte, j'en ai été empêché de tous côtés et n'ai finalement pu y parvenir. Présentement, si les satellites divins n'étaient pas venus m'appréhender, comment aurais-je jamais pu arriver ici ? »

On entendit alors proclamer un ordre au palais, et les gardes et satellites reçurent mission d'arrêter le coupable et de l'interroger.

Alors le vieillard, prosterné, reprit avec instance :

« Puisque ce monstre calamiteux a une telle puissance et qu'il dispose de nombreuses aides, les gardes et satellites auront beau se rendre là-bas, il est à craindre que ce ne soit en pure perte ! Car, à moins de le capturer avec des armées surnaturelles, il ne sera pas possible de s'en emparer. »

Au palais, on suivit les conseils du vieillard et ordonna à un général surnaturel de partir avec cinq mille hommes.

Longtemps après, on vit arriver plusieurs dizaines de soldats-démons, portant l'usurpateur attaché à une grande barre de bois : et c'était un serpent blanc à capuchon rouge !

Ils le posèrent devant le prétoire ; il avait la taille d'une énorme jarre de cinquante boisseaux !

Alors le satellite se tourna vers Bi et lui signifia de s'en retourner. Bi bâilla, s'étira... et s'éveilla, le dos trempé de sueur.

Lorsqu'il eut réglé ses affaires, Bi prit le chemin du retour et, repassant par le même endroit, constata que la statue et les bâtiments du temple avaient complètement disparu.

Quand il interrogea les paysans du village, tous lui dirent :

« Telle nuit, après la troisième veille, il y a eu une terrible tourmente avec tonnerre, éclairs et flammes : mais tout ce que nous entendions, c'étaient des bruits de bataille et de tuerie, aussi effrayants qu'incompréhensibles. A l'aube, nous sommes allés voir et avons trouvé le temple incendié, et un immense serpent long de plusieurs centaines de pieds, mort sous les arbres, et décapité. Il y avait aussi d'innombrables pythons, serpents ailés, vipères et autres reptiles, dans une puanteur écœurante qui à ce jour n'est pas encore dissipée. »

Vérification faite, la date correspondait exactement au moment où Bi avait fait son étrange rêve.

Bi rentra donc chez lui.

En plein jour, il était assis à ne rien faire quand il avisa soudain deux satellites fantômes, qui vinrent devant lui et dirent :

« Les Tribunaux infernaux vous prient de venir pour une confrontation. »

Aussitôt, l'entraînant par le bras, ils partirent. Quand ils furent arrivés, Bi put voir le prince des Enfers siégeant dans la grande salle du prétoire, et une cage de fer où était enfermé un homme vêtu de blanc, coiffé d'un turban cramoisi, et dont l'allure était extraordinairement imposante.

L'homme déclara spontanément :

« Durant mon existence, je n'ai commis nulle faute, mais j'ai été l'objet d'une accusation calomnieuse déposée au Pic-Sacré du Sud par le lettré Bi Yingxiang, si bien qu'on a envoyé des armées surnaturelles pour me réduire. Tout mon clan a été anéanti, ma tanière a été bouleversée de fond en comble, et ces tourments iniques passent véritablement toute mesure ! »

En entendant ces mots, Bi comprit que c'était le démoniaque boa qui lui gardait rancune et l'accusait mensongèrement. Aussi fit-il une relation détaillée des exactions et sévices de cette créature de malheur, de ses maléfices sans nombre et de ses diableries. Il plaida et argumenta près de la cage de fer, tandis que le prisonnier répliquait et se défendait avec un acharnement effréné, et refusait en définitive de reconnaître sa faute !

Alors le prince ordonna à ses satellites d'envoyer un pli officiel à la juridiction de Hengshan du Pic-Sacré du Sud, et un billet au bureau du génie protecteur de Yongzhou, afin que l'affaire fût vérifiée et examinée.

Peu après, la juridiction de Hengshan et le bureau de Yongzhou renvoyèrent une réponse officielle, qui corroborait les déclarations de Bi Yingxiang. Alors seulement, son adversaire fut réduit à quia.

Le prince entra dans une violente colère et gronda :

« Dans la vie déjà démon maléfique, dans la mort encore accusateur inconsidéré ! Qu'on l'emmène sous bonne escorte à Fengdu, et que pour l'éternité il ne renaisse plus ! »

Plusieurs soldats-démons partirent aussitôt en entraînant le coupable, qui subit la loi du karma.

Le prince dit alors à Bi :

« Vous avez pris la peine de vous déranger : comment faire pour vous en remercier ? »

Ayant dit, il se fit apporter le registre des nommés Bi et, sous le prénom Yingxiang, apposa une apostille en huit caractères qui signifiaient :

« *Pour suppression d'un fléau démoniaque, longévité prolongée de douze années.* »

Bi rendit grâces en se prosternant et repartit chez lui.

Quand il atteignit la porte... il s'éveilla : car il s'était assoupi, le bras replié sur la table.

La grotte de Shenyang

Le lettré Li Defeng de Longxi [au Gansu], âgé de vingt-quatre ans, était fameux cavalier et grand archer. Toujours plein d'entrain pour chasser, galoper et tirer à l'arc, il était connu pour sa fougueuse témérité, mais comme il ne se souciait pas de travailler pour assurer sa subsistance, ses compatriotes le méprisaient et le rejetaient.

Au cours de l'ère Tianli (1328-1329), un ami de son père ayant été nommé inspecteur de Guizhou [au Guangxi], il partit chercher asile auprès de lui ; mais quand il arriva à destination, l'homme était déjà mort, et Li erra comme un vagabond, sans pouvoir rentrer au pays.

Il y avait dans la commanderie maintes montagnes célèbres : il passait son temps jour après jour à y chasser, apparaissant et disparaissant parmi les monts sans jamais prendre de repos, mais trouvant son bonheur dans cette occupation.

Certain notable local, nommé le vieux sieur Qian, le plus gros richard de la région, n'avait qu'une fille, âgée de seize ans, qu'il chérissait infiniment ; elle n'était jamais sortie, et même ses proches ou ses voisins ne l'apercevaient que rarement. Or voici qu'un soir, dans l'obscurité et la tourmente d'un violent orage, la jeune fille disparut : pourtant, toutes les portes et fenêtres étaient fermées et verrouillées comme avant, et on ignorait par où elle avait pu passer !

On informa les autorités, on supplia les divinités, on chercha dans tous les azimuts, mais on ne trouva pas la moindre trace de la jeune fille. Le vieux Qian, obsédé par la pensée de son enfant adorée, fit le serment suivant :

« Celui qui pourra savoir où est ma fille, je suis prêt à lui offrir la moitié de mes biens, et la main de ma fille par surcroît ! »

On eut beau poursuivre frénétiquement les recherches, près de six mois passèrent sans qu'en définitive on trouvât la moindre nouvelle de la disparue.

Un jour, le jeune Li, muni de flèches et d'un arc, sortit de la ville et, ayant levé un daim, se lança à sa poursuite sans le lâcher, ce qui l'entraîna à franchir des crêtes et des monts, à s'enfoncer dans des vallées et des ravins, sans finalement rattraper son gibier.

Les dernières lueurs du jour s'estompaient déjà, et Li, ayant perdu le chemin pris à l'aller, erra, égaré, au bord des falaises et des précipices, sans savoir où il allait. Bientôt, des brumes crépusculaires et des nuages obscurs recouvrirent la contrée ; des tigres feulaient, des singes criaient, mais tout alentour était plongé dans de profondes ténèbres, comme après la première veille.

Avisant à distance une éminence où s'apercevait un vieux temple, Li plia l'échine et s'y rendit. Il trouva en y arrivant des amas de poussière, des murs délabrés et croulants et, à l'intérieur, des marques de pattes et des traces de fauves et d'oiseaux se mêlant en tous sens. Malgré l'effroi qu'il ressentait, il n'avait pas le choix, et il se reposa un moment sous une galerie, où il pensa attendre l'aube.

Avant même d'avoir fermé les yeux, il entendit tout à coup des bruits : ceux d'un cortège qui, venant de loin, approchait. En ces monts perdus, dans le silence de la nuit, comment serait-ce possible ? se demanda-t-il. Soupçonnant quelque agissement démoniaque, et redoutant aussi une attaque de brigands, il grimpa par le bord d'une balustrade jusqu'aux poutres, parmi lesquelles il se tapit afin d'épier ce qui se passait.

Peu après arriva à la porte, précédé de deux lanternes rouges ouvrant le cortège, le « chef », coiffé d'un exorbitant bonnet à triple pointe et d'un serre-tête carmin, vêtu d'un pourpoint jaune pâle serré par une ceinture de jade. Il s'en fut droit à la table d'offrandes à la divinité, et s'assit. Ses suivants, une bonne dizaine de sbires, qui avaient tous les armes à la main, se disposèrent en cercle au bas des marches d'accès ; or cette garde d'honneur, si terriblement sévère et imposante, était composée exclusivement... de sangliers et de cynocéphales !

Le jeune homme comprit que c'étaient des gobelins et esprits malins, prit une flèche de sa ceinture, banda son arc, décocha un trait et atteignit à l'épaule celui qui était assis : il s'enfuit en hurlant et, dans l'instant, les autres se débandèrent et disparurent on ne sait où.

Pendant un long moment, le silence régna, et Li, immobile, fit semblant de dormir en attendant le jour.

Mais voici qu'il aperçut près de l'autel une ligne de gouttes de sang frais qui menait à la grande porte, puis au-dehors et à la route, qu'elle longeait sans interruption. En la suivant, il contourna la montagne vers le sud et, au bout de cinq lis à peine, parvint à un énorme gouffre ; ensuite, les traces sanglantes se perdaient à l'intérieur.

Li, qui allait et venait autour de l'orifice, portant ses regards de côté et d'autre, dérapa sans s'en apercevoir dans l'herbe glissante et alla choir dans le trou ! C'était une cavité d'une profondeur quasiment abyssale, du fond de laquelle on ne voyait même plus le ciel. Li se jugeait voué à une mort certaine... lorsqu'il sentit, sur le côté, une issue, où il s'engagea au petit bonheur. Il se retrouva d'abord dans une obscurité à n'y voir goutte, mais après qu'il eut avancé encore à tâtons d'une centaine de pas, tout s'éclaira soudain, et il parvint devant une salle de pierre où une tablette indiquait :

GROTTE DE SHENYANG

Plusieurs sentinelles à l'allure semblable à celle des sbires de la veille, dans le temple, l'aperçurent et, dans leur stupeur, s'écrièrent :

« Qui êtes-vous pour venir subitement dans ces profondeurs ? »

Li fit une courbette fort civile et répondit :

« Simple habitant de ce bas monde, je demeure depuis longtemps à la préfecture, où je suis mire de mon état. Comme je manquais d'ingrédients pour mes remèdes, je me suis engagé dans la montagne afin de cueillir des simples et, tout à mon désir d'en ramasser beaucoup, je me suis enfoncé toujours plus avant sans savoir m'arrêter... Jusqu'au moment où, sans m'en apercevoir, j'ai perdu pied et suis tombé par mégarde en ces lieux ! J'ai offensé votre auguste Esprit et j'en demande humblement pardon. »

En entendant ces explications, les gardes eurent l'air satisfait et reprirent :

« Puisque tu es mire de ton état, tu sais guérir les gens ?
— C'est effectivement le rôle qui m'incombe. »

Ravis, les gardes portèrent en signe de gratitude leurs mains à leurs tempes en disant : « Ciel ! Ciel ! », et comme Li leur demandait la raison de cette allégresse, ils lui dirent :

« Notre seigneur le marquis de Shenyang, parti hier en villégiature, a été atteint par une flèche perdue, et il est maintenant couché, malade. Ta venue providentielle en ces lieux signifie que le Ciel, dans sa bonté, nous gratifie d'un mire surnaturel ! »

Ils convièrent donc le jeune homme à s'asseoir près de la porte, tandis que, dans une grande bousculade, ils entraient précipitamment annoncer sa présence. Peu après, ils réapparurent pour transmettre les paroles de leur maître :

« Je ne m'entends guère à maintenir mon principe vital, et je suis responsable du malheur qui m'a frappé. Mais j'ai été touché à l'épaule, et voici que le poison me gagne jusqu'aux moelles : ce fatal destin est inexorable, et je suis à l'article de la mort. Par bonne fortune, voici venir un mire surnaturel ! S'il est susceptible de fournir un remède opérant, il ressuscitera littéralement un moribond et rendra la vie à un malade désespéré ! Alors, oserais-je ne pas m'efforcer de survivre en attendant mon bienfaiteur ? »

Le jeune homme rectifia sa tenue, entra, franchit de lourdes portes et parvint à une pièce secrète, garnie d'écrans et de courtines mirifiques, de pelisses et de coussins somptueux. Là, un vieux macaque, prostré sur un divan de pierre, geignait et gémissait sans trêve, veillé par trois damoiselles, toutes d'une extraordinaire beauté. Li prit le pouls du malade, palpa la blessure et déclara fourbement :

« Ce n'est pas grave. J'ai un remède magique qui non

seulement guérit, mais prolonge la vie jusqu'à l'immortalité : qui l'absorbe peut vivre plus vieux que le Ciel lui-même, et voir dépérir les Trois Lumières ! Notre rencontre en ce jour doit elle aussi être un événement prédestiné ! »

Il vida son sac pour prendre un remède, qu'il fit avaler au blessé. Mais voici que les autres démons, l'entendant parler de longévité, et tout heureux à l'idée d'être immortels, se prosternèrent en cercle devant lui et dirent :

« Vénéré Sire, vous devez être, à n'en pas douter, un grand mage ! Quelle aubaine de vous avoir rencontré ! Mais puisque notre seigneur a eu droit au cinabre magique de longue vie, serons-nous les seuls à n'en pas avoir quelques minuscules bribes ? »

Li épuisa donc la provision de « remède » qu'il leur offrait et en distribua à tous : ils sautaient et bondissaient à l'envi pour en avoir, chacun craignant seulement de ne pas obtenir sa part ! Ce « remède », en fait, était un fameux poison utilisé pour tremper les pointes de flèches à chasser les fauves les plus féroces : et il les terrassait immanquablement.

Un moment plus tard, tous les démons s'écroulèrent soudain, hébétés, dans une sorte de coma. Li, avisant un sabre précieux suspendu au mur de pierre, s'en saisit et les décapita tous, tranchant au total trente-six têtes de singes grands et petits. Soupçonnant les trois beautés d'être elles aussi des esprits mauvais, il allait les trucider en même temps, quand elles s'écrièrent en pleurant :

« Vos servantes sont toutes trois des êtres humains, et nullement des monstres ! Nous avons eu l'infortune d'être enlevées par ce démoniaque macaque et précipitées dans cette fosse, où nous n'étions même pas libres de mourir ! Vous nous avez présentement débarrassées d'un fléau, et c'est grâce à vous que nous obtenons une nouvelle vie : dans ces conditions, comment ne pas vous obéir et vous complaire en toutes choses ? »

Li leur demanda leur identité et leur domicile : l'une était la fille du sieur Qian, les deux autres étaient également filles d'excellentes familles de la région.

Le jeune homme s'était certes montré capable d'exterminer les esprits démoniaques, mais il n'avait toujours nul moyen de sortir de ce gouffre. Il était partagé entre la rage et le chagrin, quand plusieurs vieillards apparurent tout à coup, venus d'on ne sait où. Tous étaient vêtus de pelisses brunes, avaient longues moustaches et bouches noires, mais ils poussèrent au premier rang un personnage en habits blancs qui se prosterna devant Li en déclarant :

« Nous sommes des rats devenus esprits. De longue date propriétaires de ces lieux, nous en avons été spoliés par le démon-macaque, trop puissant pour qu'on lui résiste, et avons dû nous réfugier ailleurs en attendant une occasion favorable pour faire de nouveaux plans. Nous ne pouvions prévoir que vous nous débarrasseriez de ce fléau, et nous vengeriez ! Maintenant que ces forces pernicieuses sont bannies, comment ne pas vous rendre grâces ? »

Alors tous tirèrent de leurs manches or, perles et joyaux, qu'ils placèrent devant le jeune homme. Il demanda :

« Puisque vous êtes des êtres transcendants, pourquoi vous être laissé berner par l'autre, et vous être spontanément soumis à cette funeste engeance ?

— Notre longévité à nous, expliqua le vieillard de blanc vêtu, n'est que de cinq cents ans, alors que la sienne est de huit cents ans : c'est ce qui fait que nous ne sommes pas de taille à résister. Mais quand c'était nous qui occupions cet endroit, nous ne nuisions pas aux hommes ; et une fois notre œuvre accomplie et menée à son terme, nous nous envolerons pour voyager dans les cieux et vagabonder librement, à la différence de ces créatures cupides et lubriques, nuisibles et dévastatrices. A présent, pour avoir accumulé sans trêve les méfaits, toute leur lignée a été exterminée et leur engeance, anéantie, et cela, parce qu'ils étaient coupables envers le Ciel, dont vous avez été l'instrument. S'il n'en était pas ainsi, comment eussiez-vous jamais pu venir à bout de leurs maléfices diaboliques ?

— Cette grotte, reprit le jeune homme, s'appelle la grotte de Shenyang : qu'est-ce que cela signifie ?

— Les singes étant rattachés au signe *shen*, c'est pour cela qu'ils ont emprunté le mot dans ce nom d'apparat, mais ce n'était pas l'ancienne dénomination de notre territoire.

— Puisque cet endroit est votre ancien habitat et que, moi qui fais partie du monde des hommes, j'y suis malencontreusement tombé, si vous aviez simplement la bonté de m'indiquer comment m'en retourner, je n'aurais nul besoin des trésors que vous m'avez offerts.

— S'il en est effectivement ainsi, ce que vous demandez est très facile, en vérité ! Veuillez seulement fermer les yeux un instant, et il en sera fait selon vos désirs. »

Li fit ce qu'on lui disait et ne perçut rien d'autre qu'un bruit de bourrasque et d'orage... Puis le bruit cessa et il rouvrit les yeux. Et vit un énorme rat blanc, suivi d'une troupe de rats bruns aussi gros que des porcs, au bord d'un orifice qui débouchait sur la route.

Emmenant les trois belles, il sortit et s'en fut d'une traite frapper à la porte du sieur Qian, auquel il rendit sa fille.

Le vieil homme, aussi heureux que stupéfait, le prit aussitôt pour gendre. Quant aux familles des deux autres beautés, elles se déclarèrent également disposées à les lui laisser. Et voilà comment le jeune Li épousa d'un coup trois femmes et se trouva riche du jour au lendemain !

Lorsqu'il retourna sur les lieux de son aventure et chercha l'orée de la route, il ne trouva à la ronde qu'une étendue uniforme d'herbes drues et de grands arbres, et toute trace de son passage avait disparu.

Émeraude

Emeraude, de son nom de famille Liu, était la fille d'un citoyen de Huai'an. Douée d'une remarquable intelligence, elle posséda bientôt les Classiques des Poèmes et de l'Histoire, et ses parents, accédant à ses désirs, l'envoyèrent à l'école.

Un de ses camarades d'étude, le fils de la famille Jin, prénommé Ding, avait le même âge qu'elle, et il était lui aussi fort intelligent et plein de belles manières ; tous les autres enfants leur disaient, pour les taquiner : « Puisque vous êtes de la même année, il vous faudra devenir mari et femme ! » Quant à eux, c'est ce qu'ils se promirent en secret, et le jeune Jin offrit à Emeraude un poème qui disait :

Douze balustrades aux terrasses précieuses,
A brise printanière, lumière radieuse.
Saule au jardin de l'Ouest, au parc de l'Est, pêcher,
Pour qu'ensemble ils grandissent, il faut les transplanter !

A quoi Emeraude fit écho par ce poème :

A Zhu Yingtai toujours j'en voulus et j'en veux
De couver son chagrin sans en faire l'aveu.
Que le maître de l'Est nous aide, c'est mon vœu,
Pour qu'on plante au soleil un arbre en fleur verveux !

Ensuite, quand Emeraude fut grande, elle n'alla plus à l'école.

Lorsqu'elle eut quinze ans, ses parents songèrent à la marier ; elle se mit alors à pleurer sans trêve et à refuser de manger. Ils lui demandèrent tendrement la raison de ce comportement ; elle ne voulut d'abord rien dire, mais à la longue finit par avouer :

« Il faut inéluctablement que ce soit Jin Ding, de la maison orientale, car je me suis déjà promise à lui. Si l'on ne me cède pas, je n'aurai qu'à mourir, voilà tout ; mais je jure que jamais je ne franchirai un autre seuil ! »

Les parents ne purent que s'incliner.

Malheureusement, les Liu étaient riches et les Jin étaient pauvres, et bien que le jeune Jin fût plein de dons éminents, la disparité de fortune entre les deux familles était par trop grande.

Lorsque l'entremetteuse alla chez les Jin, ils déclinèrent effectivement l'offre en raison de leur pauvreté, et furent tout honteux et confus d'un pareil honneur. Mais l'entremetteuse plaida :

« La jeune fille de la famille Liu est déterminée, coûte que coûte, à obtenir le jeune homme de la famille Jin, et ses parents y consentent. Refuser en arguant de votre misère, ce serait faire injure à leur sincère bonne volonté, et réduire à néant la chance unique d'un beau mariage ! Présentement, il faudrait leur dire : “ Puisque dans notre pauvre famille il y a un garçon qui a une teinture de poésie et de rites, et que votre précieuse famille le demande en mariage, comment oserions-nous ne pas obtempérer ! D'ailleurs, né dans la bergerette et le bambou épineux, il s'est habitué depuis longtemps à sa piètre situation. Si vous exigez des cadeaux pour les cérémonies de fiançailles et d'épousailles, nous redoutons, en définitive, de n'être pas en mesure de les assumer. " Mais eux, par amour pour leur fille chérie, ne devraient pas tenir compte de cela. »

Les Jin suivirent donc ce conseil. L'entremetteuse rendit compte de l'exécution de sa mission aux Liu, qui dirent en effet :

« Se soucier d'argent dans une affaire de mariage, c'est un comportement de barbares ! Tout ce que nous savons, c'est que nous avons trouvé un gendre, et le reste nous indiffère. Eux là-bas sont dans l'indigence quand nous avons plus qu'à suffisance, et si notre fille allait y vivre, elle ne pourrait jamais s'y accommoder. Mieux vaut par conséquent que ce soit son mari qui vienne s'installer chez nous. »

L'entremetteuse repartit transmettre cette proposition, qui combla les Jin de joie. On choisit un jour faste pour les noces, et les soieries, brocarts et présents variés furent entièrement pris en charge par la famille de la mariée. Après le « franchissement du seuil » et l'« échange de salutations », les deux jeunes gens purent se retrouver, et l'on imagine leur bonheur.

Cette nuit-là, Emeraude composa sur l'oreiller un poème sur l'air *L'Immortel au bord du fleuve*, et l'offrit à son époux. Il disait :

Enfants, même encrier et pinceau avons eu,
Voici le vieil ami jeune époux devenu !

La chambre nuptiale aux chandelles,
Vernale à souhait, qu'elle est belle !
Comme aile de papillon, fard mouillé de sueur ;
Et comme musqué, corps embaumé de senteurs...
Je pâme, nuages et pluie,
Car c'est trop neuf, ah ! je ne puis...
Sourcils froncés, là, sur la couche,
Pudeur surprise s'effarouche...
Prends donc un peu pitié, mais à si fort m'aimer
Je ne saurais t'en vouloir de recommencer.
Car le seul vœu que je forme en cette heure,
Est de t'avoir près des yeux, près du cœur !

Et elle convia le jeune homme à lui répondre sur le même mètre. Il composa donc un poème assorti au précédent.

Voici :

Je n'ai pas oublié nos études, nos cours,
Et la jeune mariée est l'amie de toujours.
Voici qu'un frêle esquif visite
Au printemps Wuling et ses sites.
Demeure d'Immortels, paradis amarante,
Que la rouge poussière du monde est distante !
Serments comme la mer profonds,
Ou élevés comme des monts,
Mon cœur et ma foi sont à toi,
Et chaque fois que je te vois
Me sourire et lever le sourcil gentiment,
Quelle entente parfaite dans nos sentiments !
Dans toutes mes pensées, nulle idée de départ :
Qui aimer après toi ? Personne, c'est trop tard !

Quant à la félicité de ces deux jeunes époux, elle surpassait celle des paons dans les nues empourprées, celle des canards mandarins s'ébattant dans l'eau verte, et c'est encore peu dire !

Or, moins d'une année plus tard, Zhang Shicheng et son frère levaient des troupes à Gaoyou et s'emparaient de toutes les commanderies au long de la Huai. La jeune femme fut capturée par un des généraux de l'état-major, nommé Li. A la fin de l'ère Zhizheng (1341-1367), Zhang Shicheng avait étendu son fief jusqu'à contrôler les deux rives du Yangzi et à occuper le Zhexi. C'est alors qu'il déclara son allégeance à la dynastie Yuan et demanda à être reconnu comme vassal. Les communications furent enfin rétablies et l'on put voyager sans encombre sur les routes.

A ce moment-là, le jeune Jin fit ses adieux à sa famille et à sa belle-famille pour partir en quête de son épouse, jurant de ne pas revenir sans l'avoir retrouvée.

Il voyagea jusqu'à Pingjiang, où il apprit que le général Li avait été nommé protecteur militaire de Shaoxing ; quand il arriva à Shaoxing, le général avait été muté avec ses troupes à Anfeng, et lorsqu'il y parvint, Li était retourné en garnison à Huzhou ! C'est ainsi que le jeune homme erra dans la région entre la Huai et le Yangzi, et dut affronter maints périls, tandis que le temps passait : plus d'une année déjà. En outre, son escarcelle était maintenant vide, mais sa résolution était toujours aussi inébranlable.

Il chemina par la lande, dormit à la belle étoile, mendia sa pitance, mais finit par atteindre Huzhou.

Le général Li, devenu à l'époque un puissant personnage, vivait dans un faste impressionnant.

Jin Ding se planta devant la porte de sa résidence, tout

hésitant, et essaya d'épier l'intérieur, voulant entrer mais ne pouvant s'y résoudre, voulant parler mais n'osant pas. Le portier de la résidence trouva son manège bizarre et l'interrogea.

« Votre serviteur, répondit-il, est natif de Huai'an. Depuis l'époque des troubles, j'ai entendu dire que ma petite sœur se trouvait dans cette noble maison. C'est pourquoi, sans craindre les peines d'un voyage de mille lis, je suis venu jusqu'ici dans l'espoir d'une seule entrevue.

— S'il en est ainsi, quel est ton nom, ton prénom ? Ta jeune sœur, quel âge a-t-elle, comment est-elle ? Réponds avec précision, pour que je puisse vérifier si telle est la situation.

— Mon nom est Liu, mon prénom Jin Ding, pour vous servir. Ma sœur s'appelle Emeraude, elle sait lire et écrire. A l'époque de sa disparition, elle avait juste seize ans, ce qui fait qu'elle doit maintenant avoir vingt-trois ans.

— Il y a effectivement dans la résidence une née Liu, de Huai'an, dont l'âge correspond à tes dires. Elle sait lire et s'entend à composer des poèmes ; elle est du reste fort intelligente, au point d'avoir droit à un traitement de faveur de notre commissaire. Tu n'en as pas menti, et je vais entrer en référer. Reste ici et attends-moi. »

L'homme s'empressa d'entrer annoncer la nouvelle et, peu après, ressortit pour introduire le jeune homme.

Le général Li siégeait dans la grande salle de la résidence. Le jeune homme se prosterna à deux reprises, puis se releva et expliqua en détail les raisons de sa venue. Le général était un vieux militaire : il ajouta foi à cette histoire puis, sans nul soupçon, enjoignit à une de ses ordonnances d'aller annoncer à Emeraude que « son frère était là et qu'il fallait qu'elle vînt le voir ».

Emeraude, obéissant aux ordres, apparut bientôt dans la grande salle, salua Jin Ding comme une sœur salue son grand frère et demanda des nouvelles de la famille ; mais en dehors de cela, elle ne put proférer un seul mot et resta simplement en face de lui, la gorge nouée par l'émotion.

« Puisque tu viens de bien loin, dit le général, et que tu as derrière toi un voyage éprouvant, tu dois être las d'esprit et de corps ! Tu pourras te reposer chez moi, et de mon côté il faudra que je te trouve un travail en attendant. »

En même temps, il offrit à Jin Ding une tenue complète, dont il lui dit de se vêtir, ainsi que de la literie et des couvertures, qu'il fit porter dans un petit pavillon près du portail de l'Ouest, où il dit au jeune homme d'aller loger.

Le lendemain, il lui demanda :

« Ta sœur sait lire, mais toi, t'entends-tu à l'art d'écrire ?

— Votre serviteur est, dans son pays, lettré confucéen de son état ! Mon métier, c'est justement les livres et les écrits : j'ai parcouru entièrement les Classiques, les Histoires, les Philosophes et les Belles-Lettres. J'en ai la pratique régulière, vous pouvez bannir tout doute à ce sujet. »

Le général, enchanté, reprit :

« Moi, je n'ai pas eu, depuis mon enfance, l'occasion d'aller à l'école, et c'est à la faveur des troubles que j'ai fait carrière et suis devenu célèbre ! J'ai une maisonnée bourrée de domestiques et de serviteurs, les invités encombrent mes portes, et il n'y a personne pour les accueillir ! Les lettres et documents s'empilent sur mes tables, et je n'ai personne pour y répondre !... Tu pourrais t'installer chez moi et devenir mon secrétaire particulier. »

Le jeune homme, qui était pétri d'intelligence et avait en outre un naturel doux et affable, décida de déployer ses dons éminents et de demeurer au service du général. Il surveilla attentivement son comportement, sut se concilier la bienveillance des supérieurs et le dévouement des inférieurs, gagna les faveurs de tout le monde, et accomplit à la perfection les tâches les plus complexes de secrétariat. Et le général, considérant qu'il avait trouvé l'homme qu'il lui fallait, le traita avec magnanimité.

Cependant, Jin Ding était venu pour retrouver son épouse, et depuis leur unique entrevue dans la grande salle, il n'avait plus jamais pu la revoir, car elle était recluse dans la profondeur du gynécée, où le personnel de l'extérieur n'avait pas accès. Son seul désir était de lui faire connaître ses sentiments, mais l'occasion propice ne se présentait toujours pas.

Insensiblement, plusieurs mois passèrent.

A l'époque de la distribution des vêtements, les vents d'ouest se mirent à souffler au crépuscule, la rosée devint gelée blanche, et le jeune homme, dans sa chambre solitaire, composa, lors d'une de ses nuits d'insomnie, un poème régulier qui disait :

Aux rambardes de jade fleur chérie transplantée
Je ne puis revoir ta printanière beauté !
Heureux, comment imaginer le désespoir ?
Aisée la séparation, ardu le revoir !
Quand le coursier des Marches sera-t-il de retour ?
Cette nuit le phénix danse seul dans la cour.
Aux portes et fenêtres, épaisses nues et brumes :
Las ! c'est ingratitude envers la pleine lune !

Le poème terminé, il l'écrivit sur une bande de papier qui, pliée, fut cousue dans le col d'une tenue. Il donna une centaine de sapèques à un jeune serviteur et lui dit :

« Le temps s'est mis au froid, et mes habits sont tout élimés. Sois gentil, porte cette tunique à ma petite sœur pour qu'elle la nettoie et la raccommode, afin que je puisse me protéger des rigueurs de l'hiver. »

Le petit domestique porta la tunique à Emeraude, qui devina l'intention cachée et, en défaisant la tunique, trouva le poème. Complètement bouleversée, elle contint ses sanglots et, versant silencieusement des larmes, composa en réponse un poème qui fut à son tour cousu dans le col et remis à Jin Ding. Il disait :

Depuis qu'ont éclaté chez nous guerres et troubles,
De nouvelle détresse mon vieux chagrin se double.
Si mon cœur est brisé, mon amour ne l'est pas,
Et je serai à toi enfin dans le trépas.
Tel, le miroir brisé gardé par Xu Deyan,
Le dragon s'ébattant chanté par Cao Zijian.
Le sort de Perle-verte, Jade-bleu, cœurs minés,
Est aujourd'hui le mien ! Qui l'eût imaginé ?

Quand il trouva ce poème, Jin Ding sut que son épouse était résolue à mourir : il abandonna alors tout espoir, et sa déréliction s'accrut encore au point qu'il tomba victime d'une grave maladie chronique.

Sa « sœur » obtint du général l'autorisation de se rendre une seule fois à son chevet pour prendre des nouvelles de sa santé, mais le jeune homme était déjà moribond. Quand Emeraude le prit dans ses bras pour le soulever, il tourna la tête vers elle, la regarda intensément, les yeux noyés de larmes, puis poussa un long soupir et rendit l'esprit.

Le général, compatissant, le fit inhumer au pied des pentes du mont Daochang. Emeraude accompagna le cercueil, puis s'en revint et, la nuit même, tomba malade à son tour ; refusant de prendre tout remède, se tournant et se retournant sur sa natte, elle resta prostrée deux mois durant.

Un matin, elle annonça au général :

« Depuis que votre servante a dû abandonner sa famille et vous suivre, huit années déjà se sont écoulées. Exilée loin de chez moi, où que je lève les yeux, je n'avais nul parent, si ce n'est un frère aîné qui, ultime coup du sort, est à présent défunt. Malade comme je le suis, je ne me relèverai jamais, et je vous supplie d'ensevelir ma dépouille près de celle de mon frère, dans l'espoir qu'au royaume des Sources-Jaunes je puisse disposer d'un appui, et ne pas être une âme errante et solitaire en contrée étrangère ! »

A ces mots, elle expira.

Le général, en exécution de ses ultimes volontés, la fit inhumer à gauche de son « frère », et il y eut désormais au pied du mont Daochang un double tumulus funéraire.

Au début de l'ère Hongwu (1368), Zhang Shicheng fut écrasé.

Il y avait dans la famille d'Emeraude un vieux serviteur qui s'était fait négociant; ses voyages l'ayant mené à Huzhou, il passa au pied du mont Daochang, où il avisa les portes laquées de rouge d'une demeure fastueuse, ombragée de saules et de sophoras. Et il eut la surprise d'apercevoir Emeraude et le jeune Jin, debout épaule contre épaule ! Ils l'appelèrent et le firent entrer, demandèrent si leurs parents étaient encore en vie, évoquèrent de vieux souvenirs de leur pays natal... Et l'ancien domestique, à son tour, demanda comment la demoiselle et messire pouvaient se trouver là.

Emeraude expliqua :

« Tout a commencé quand, lors des troubles, j'ai été enlevée par le général Li. Ensuite, mon mari a accompli le long voyage pour me chercher, et le général n'a pas fait de difficulté pour me rendre à lui. Après quoi nous nous sommes installés ici en étrangers.

— Pour moi, dit le vieil homme, je m'en retourne maintenant à Huai'an, et Mademoiselle pourrait écrire une lettre pour donner de ses nouvelles à ses parents. »

Emeraude garda le voyageur pour la nuit et le régala de mets fins : riz parfumé de Wuxing, carpes de la rivière Tiao, arrosés de vin de Wucheng.

Le lendemain, elle rédigea une lettre à l'intention de ses parents, et écrivit ceci :

C'est en toute humilité que j'évoque la bonté, infinie et impossible à revaloir, des parents qui m'ont élevée ! Mais le mari dirige, et son épouse le suit ; ce sont les fameux devoirs de triple obéissance. Les principes de l'existence humaine sont bien établis, et combien les événements actuels sont difficiles ! Jadis le soleil de la dynastie Han déclina, et Chu sombra dans les miasmes délétères : et l'on vit de fameuses lames Tai'a prises à l'envers, des enfants jouant à la guerre parmi les diguettes et les étangs ! Tandis que les grands sangliers et les serpents géants essayaient mutuellement de s'avaler, l'abeille mâle et le papillon femelle fuirent, chacun de son côté, pour leur salut. N'ayant, lors de cette séparation précipitée, pu finir comme un jade brisé, c'est comme une tuile intacte que, dans mon affolement, je me suis retrouvée. Tel un cheval de bataille au galop, prêt pour un long voyage, j'aspirais au firmament, mais les ailes me manquaient pour voler. A la pensée de mon pays natal, mes trois âmes m'abandonnaient. Les temps heureux étaient aisément révolus, et je souffrais, tendre phénix, d'être la compagne d'un coq de bois. Je n'eus que haine pour ce compagnon, mon ennemi, tout en craignant que le corbeau noir ne l'emportât sur le phénix de cinabre. Bien que j'aie répondu par une apparente gaieté, tant d'émotions, en définitive, m'accablaient de chagrin. Par les nuits de lune, tandis que chantait le coucou, je rêvais d'être un papillon porté par le vent de printemps. Mais les temps changent, les faits passent, et quand on est au bout de l'amertume, vient la douceur.

Présentement, j'ai été rendue à mon époux, comme la belle restituée par Yang Su, comme les concubines libérées du harem par Wang Dun ; c'est ainsi que le rendez-vous put être tenu à l'île des Bienheureux, que l'ami put être retrouvé aux bords de la Xiao et de la Xiang. Moi qui, me prenant en pitié, me plaignais de mon destin ingrat, je n'ai rien à redire à ce tardif plaisir printanier, et, quoique la branche de saule de Zhangtai ait été brisée par un autre, la fleur de pêcher n'a pas changé et reste comme avant. Si l'on dit que, infidèle, j'ai jeté la jarre dans le puits et brisé l'épingle de tête, comment espérer la restitution du jade précieux et le retour des perles ? Mon sort fut comparable à celui de la jeune Flûte-de-jade, qui demeura fidèle au cours de deux existences, plutôt qu'à celui de la belle au chasse-mouches rouge, qui dans l'instant se donna à Li Jing. C'est le Ciel qui en disposa ainsi, et nul de ces événements ne fut fortuit. Après que les cordes brisées ont été si miraculeusement recollées, ce fut une nouvelle union pleine d'harmonie. J'envoie ceci comme une bouteille à la mer, afin de vous témoigner mon attachement ; et avant de vous servir avec obéissance, je vous présente cette missive.

Quand les parents reçurent cette lettre, ils furent transportés de joie. Le père d'Emeraude fit immédiatement louer un bateau et, accompagné du domestique, se rendit de la Huai au Zhejiang. Ils s'en furent d'une traite à Wuxing, puis au pied du mont Daochang, à l'endroit où l'homme avait récemment passé la nuit : mais ils ne trouvèrent que lande déserte et herbes folles, où se croisaient les traces de renards et de lapins. Quant à la résidence splendide que l'homme avait vue naguère, ce n'était qu'un double tumulus funéraire, l'un à l'est, l'autre à l'ouest !

Tandis que les deux hommes, interloqués, cherchaient à comprendre, le hasard voulut qu'un moine errant, appuyé sur son bâton de bonze, s'en vînt à passer ; ils l'interrogèrent respectueusement, et il les renseigna :

« Ce sont les tombes du jeune Jin et d'Emeraude, que le général Li a fait enterrer ici dans les temps. Comment voudriez-vous que quelqu'un habite en ces lieux ? »

Effarés, ils exhibèrent la lettre d'Emeraude pour la lui montrer : mais ce n'était plus qu'une feuille de papier blanc !

A cette époque, le général Li avait été exécuté par l'actuelle dynastie Ming, et il n'y avait personne à qui demander davantage de renseignements.

Le père d'Emeraude se mit à pleurer sur la tombe de sa fille en disant :

« Avec ta lettre trompeuse, tu m'as fait faire un voyage de mille lis, et ton seul désir était de me revoir. Maintenant que je suis ici, voici que tu disparais sans la moindre trace, que tu te caches et te dissimules ? Alors que dans la vie je fus ton père, dois-tu donc dans la mort être brouillée avec moi ? Si tu disposes de pouvoirs surnaturels, ne me refuse pas une rencontre, et délivre-moi des doutes qui me tourmentent. »

Cette nuit-là, il dormit entre les tombes.

Après la troisième veille, Emeraude, accompagnée de son mari, vint s'agenouiller devant lui en pleurant et en se lamentant. Son père, tout sanglotant, la consola et lui demanda ce qui s'était passé. Elle lui narra toute la suite de ses malheurs et dit :

« Autrefois, quand les calamités s'abattirent à notre porte et quand les troupes ravagèrent les districts voisins, je ne pus imiter l'héroïsme des sœurs Dou, mais fus capturée par un nouveau général Shatuoli. Toute honte bue, je survécus, mais dus abandonner mon pays natal et quitter ma patrie. J'enrageai que ce fragile corps d'orchidée fût assorti à un rustaud et courtier de bas étage. Trop consciente d'être comme cette concubine de la famille Shi dont on achetait les sourires, comment eussé-je eu le loisir de m'apitoyer sur cette femme du pays de Xi qui, dans le même cas que moi, ne parla plus jamais ! J'avais beau appeler l'aide du Ciel, c'était sans issue, et chaque jour me durait autant que trois années. Mon époux cependant, fidèle à notre ancien amour, endurait toutes les peines du monde pour venir de loin me chercher. Nous donnant pour frère et sœur, nous pûmes nous rencontrer une seule fois : mais malgré notre union conjugale, nous restâmes séparés sans finalement pouvoir nous rejoindre jamais ! Alors il tomba malade et trépassa le premier, mais le chagrin qui me minait m'emporta à sa suite. Je demandai à être ensevelie à son côté, et par bonheur nous fûmes réunis dans la mort. Voilà l'essentiel de notre histoire, que les mots les plus profonds et subtils ne sauraient épuiser ! »

Le père dit :

« En fait, mon intention, en venant ici, était de te ramener à la maison, pour que tu me serves dans mon vieil âge. Mais puisque tu n'es plus de ce monde, je veux emporter tes ossements pour les joindre à ceux de nos ancêtres : ainsi, je n'aurai pas fait ce voyage en vain ! »

Emeraude répondit en pleurant de nouveau :

« De mon vivant, il ne m'a pas été donné de servir mes parents ni de veiller sur leur bien-être ; dans la mort, j'ai eu la malchance d'être loin des miens, séparée des sépultures ancestrales. Pourtant, de même que, sur la terre, on cherche la tranquillité, dans l'au-delà, la paix est également souhaitable, et des déplacements me causeraient au contraire peines et tracas. D'autant que les collines et les cascades de la région sont pleines de beauté et de charme, et que les plantes et les arbres sont abondants et luxuriants : puisqu'en ces lieux j'ai trouvé l'apaisement, partir n'est pas ce que je désire ! »

A ces mots, elle serra son père dans ses bras et éclata en sanglots : c'est alors qu'il s'éveilla en sursaut et comprit que tout cela avait été un songe.

Le lendemain, il vint faire sur la tombe les offrandes de vin rituelles ; puis, avec son serviteur, il rebroussa chemin et rentra chez lui. Et jusqu'à maintenant on montre encore aux passants les tombes de Jin Ding et de son épouse Emeraude.

Le juge de la cour du Vide-Suprême

Feng Dayi, prénommé Qi, était un excentrique du pays de Chu et de Wu. Fort de ses talents, il traitait autrui avec arrogance ; ne croyant pas aux démons ou aux esprits, tous les gobelins et farfadets qui nichent dans les arbres ou habitent dans les herbes, effrayent le monde et terrorisent les profanes, il ne manquait jamais de retrousser ses manches pour les affronter ! Quand ils arrivaient, il les traitait avec une insolence extrême et les vilipendait, sans s'en soucier davantage ; parfois, il mettait le feu à leurs sanctuaires, ou immergeait leurs effigies, agissant hardiment, sans nulle hésitation. Aussi les gens le laissaient-ils faire, en raison de sa témérité.

En l'an 1337 de l'ère Zhiyuan, il séjourna en étranger à la porte de l'Est de Shangcai. Il se rendit pour affaire à un village voisin, à une époque où, à la suite des ravages de la guerre, l'endroit était abandonné et inhabité : sables jaunes et ossements blanchis s'étendaient à perte de vue...

Avant qu'il eût atteint le village, le soleil couchant déclina à l'ouest, de mornes nuages s'amassèrent de tous côtés ; en l'absence de toute auberge, comment faire halte en sécurité ? Au bord de la route, il y avait un bois de vieux cyprès, où le voyageur s'enfonça pour se mettre à l'abri, et où il souffla un moment, appuyé à un arbre. Des hiboux ululaient devant lui, des renards et des chacals glapissaient derrière lui ; peu après, voici qu'une troupe de corbeaux, aile contre aile, se posa, certains se tenant sur une patte en croassant, d'autres battant des ailes en dansant ; avec des criaillements et un vacarme bizarrement sinistres, ils tournoyaient alentour et se rangeaient comme en ligne de bataille !

Il y avait aussi huit ou neuf cadavres roidis qui gisaient aux environs. Un tourbillon de vent étrange se leva soudain, une averse subite se mit à tomber à l'improviste et, sur un brutal coup de tonnerre, tous les cadavres se dressèrent en cercle !

Voyant que Dayi était à l'abri sous un arbre, ils s'en approchèrent par bonds. Dayi s'empressa de grimper à l'arbre pour leur échapper ; tous les cadavres se rassemblèrent alors en rond au-dessous de lui et se mirent à pousser des hurlements stridents ou à l'injurier, les uns assis, les autres debout ; puis ils crièrent avec vantardise :

« Cette nuit, il faut absolument nous saisir de cet homme, sinon, notre maître nous réprimandera ! »

Après quoi, les nuages se dispersèrent, la pluie cessa et la clarté de la lune apparut.

C'est alors qu'on vit arriver au loin un yaksha dont la tête portait deux cornes ; son corps était entièrement noir, et c'est à grands cris et à grandes enjambées qu'il s'en vint directement à la forêt. Du bout des doigts, il saisit les cadavres, arracha leurs têtes et les dévora comme s'il eût mangé des melons. Une fois repu, il s'endormit avec un ronflement qui faisait trembler le sol !

Dayi se dit qu'il ne pouvait s'attarder en ces lieux et, profitant de ce que le yaksha dormait profondément, il descendit de son arbre et prit la fuite... Mais avant d'avoir fait cent pas, il sentit le yaksha sur ses talons : il courut avec l'énergie du désespoir, et peu s'en fallut qu'il ne fût rejoint.

Avisant un temple à l'abandon, il s'y engouffra pour se mettre à l'abri ; si les galeries Est et Ouest étaient toutes délabrées, la grande salle conservait une statue de Bouddha d'allure fort imposante. Dayi vit qu'il y avait derrière la statue une cavité et, à bout de ressources, il s'y glissa et se cacha dans le ventre de la statue, se disant qu'il était désormais en sûreté et n'avait plus de souci à se faire.

Soudain, il entendit tambouriner sur le ventre de la statue du Bouddha, et une voix dire avec des ricanements sardoniques :

« Ceux qui le cherchaient ne l'ont pas eu, et moi qui ne le cherchais pas, il m'échoit spontanément ! Eh bien, voici pour cette nuit une fameuse collation qui m'évitera de faire maigre ! »

Alors dans un grand branle-bas, la créature se dressa ; sa démarche était fort pesante et, au bout d'une dizaine de pas, elle se heurta au seuil et s'effondra, tandis que le bois et le plâtre se brisaient et que l'ossature de la statue étaient réduite en miettes. Dayi parvint à sortir et, avec son habituelle forfanterie, lança :

« Pauvre diablotin, on voulait faire des farces à son maître ? On trame, au contraire, sa propre perte ! »

Après quoi, il sortit et quitta le temple ; en marchant, il aperçut au loin, parmi la lande, des quinquets et lanternes qui brillaient : tout un groupe d'hommes était là-bas assis en grande cérémonie. Ravi par ce spectacle, il se hâta de s'approcher... mais quand il arriva, il constata que c'étaient tous des êtres sans tête, et que ceux qui n'étaient pas décapités étaient amputés d'un bras ou d'une jambe ! Il passa donc son chemin sans se retourner, mais tous les fantômes, furieux, s'écrièrent :

« Nous venons, nous autres, de nous réunir ici pour trinquer et banqueter, et cet individu a l'audace de faire irruption en ces lieux ! Justement, il mérite qu'on l'attrape pour en faire de la viande séchée ou hachée ! »

A ces mots, ils se mirent à avancer en titubant, tout en poussant des rugissements, les uns empoignant de la bouse de vache pour la lancer sur Dayi, les autres le criblant d'ossements humains ! Puis les décapités, portant une tête à la main, le prirent en chasse ! Dayi, fuyant, se trouva devant un obstacle : un cours d'eau, qu'il passa tant bien que mal en fendant le courant... mais que tous les fantômes, une fois arrivés à la rive, n'osèrent, eux, pas franchir.

Bientôt, Dayi eut fait une demi-lieue. Alors, tournant la tête, il perçut encore des hurlements et des criaillements qui, atténués, continuèrent interminablement. Quelques instants plus tard, la lune ayant décliné, il ne distingua plus le chemin, trébucha et alla choir dans un gouffre sans fond... qui était l'antre des fantômes !

Une poussière glaciale l'aveugla, des miasmes obscurs le pénétrèrent jusqu'aux os, et tout cet abîme grouillait de démons et de spectres : il y en avait à cheveux rouges et à cornes ; à poils verts et ailés ; à bec d'oiseau et crocs protubérants ; à tête de bœuf et face de fauve... Tous avaient le corps couleur indigo et crachaient le feu par la gueule.

Lorsqu'ils virent arriver Dayi, ils se félicitèrent et dirent :

« Voici notre ennemi juré ! »

Alors ils entreprirent de l'attacher par le cou avec des nœuds de fer, de le ligoter aux reins par des liens de cuir, puis ils le poussèrent au pied du trône du roi des démons en déclarant :

« C'est lui le fol qui, sur la terre, ne croit ni aux dieux ni aux diables, et nous outrage par ses insultes ignobles ! »

Le roi des démons tança Dayi avec fureur :

« Tu as un corps intact, ainsi qu'une conscience ; comment peux-tu ignorer que la puissance des esprits et des démons est redoutable ? Confucius, qui était un saint, a dit lui-même qu'il fallait " les respecter mais les tenir à distance". Le grand *Livre des Mutations* parle " d'une pleine charrette de démons ", les *Petites Odes* font état de " démons et de tortues fabuleuses "... Quant à ce qui est consigné dans les autres ouvrages comme le *Zuozhuan*, le songe du prince Jing de Jin et l'histoire de Boyou, tout cela, ce sont des faits surnaturels ! Qui donc es-tu, toi, pour prétendre tout seul qu'ils n'existent pas ? Voilà longtemps que je subis tes affronts ! Présentement par bonheur, nous nous rencontrons, et comment pourrais-je me satisfaire de ne pas me venger ? »

Après quoi il ordonna à tous les démons de lui arracher ses habits et de lui administrer une bastonnade, qui le laissa dégoulinant de sang et désirant la mort sans pouvoir l'obtenir !

Le roi des démons reprit :

« Est-ce que tu veux être réduit en hachis pour faire de la sauce à la viande, ou est-ce que tu veux être un géant de trente pieds ? »

Dayi, horrifié à l'idée d'être réduit en sauce à la viande, choisit le second supplice. Aussitôt la troupe des démons le plaça sur une plaque de pierre semblable à une meule à farine, puis une multitude de mains se mit à le presser, à le malaxer, à l'étirer en tous sens... et il s'allongea progressivement !

Lorsque ce fut fini et qu'il se redressa, il mesurait effectivement trente pieds ! Il était haut comme une perche de bambou, et tous les démons, avec des rires humiliants, l'appelaient « monstre » et « grande perche » !

Le roi des démons dit alors :

« Est-ce que tu veux faire bouillir des pierres pour en tirer du jus, ou est-ce que tu veux être un nabot d'un pied ? »

Dayi, qui venait d'éprouver les douleurs du gigantisme et ne pouvait pas même se tenir debout, opta pour le second supplice. Immédiatement, les démons le replacèrent sur la plaque de pierre, comme pour pétrir une boule de pâte, puis, d'un coup, appuyèrent de toutes leurs forces : les os et les jointures craquèrent horriblement, et on le mit sur pied... Il était effectivement haut d'un pied, sorte de boule semblable à quelque énorme crabe, tandis que les démons, avec des ricanements humiliants, l'appelaient maintenant « tourteau monstrueux » !

Dayi, rampant sur le sol, était à bout de souffrances. A côté, il y avait un vieux démon qui se frottait les paumes et qui lui dit avec un gros rire :

« Il paraît que Votre Excellence ne croit pas aux démons ni aux diables ? D'où vient qu'Elle assume aujourd'hui une forme aussi horrifique ? »

Après quoi il dit aux autres :

« Bien qu'il soit sans manières, il a subi aussi de cuisantes humiliations, et on pourrait peut-être avoir pitié de lui ? Veuillez lui faire grâce ! »

A deux mains, il souleva Dayi, le secoua, le secoua... et en un instant le malheureux fut de nouveau comme avant.

Dayi demanda la permission de s'en retourner. Tous les démons rétorquèrent :

« Puisque tu es venu ici, tu ne peux pas repartir les mains vides ! Nous avons chacun quelque chose à t'offrir ; l'important, c'est que dans le monde des hommes tu saches que nous existons !

— S'il en est ainsi, de quoi allez-vous lui faire présent ? demanda le vieux démon.

— Moi, dit l'un, je lui offrirai des cornes à balayer les nuées ! »

Et aussitôt, il plaça sur le front de Dayi deux immenses cornes aux pointes tournées l'une vers l'autre.

« Moi, dit un autre, je lui ferai cadeau d'une bouche à faire siffler le vent ! »

Et il lui appliqua sur les lèvres une bouche de fer, ou plutôt un bec aigu comme celui d'un oiseau !

« Pour moi, dit un troisième, je le gratifierai d'une chevelure du plus beau rouge ! »

Et d'un coup, il lui teignit les cheveux avec de l'eau rougie, et Dayi se retrouva avec une chevelure hérissée couleur de flamme !

« Moi, ajouta un autre démon, je lui donnerai des pupilles de lumière verte ! »

Et il lui sertit dans les yeux deux pupilles couleur d'émeraude foncée !

Alors le vieux fantôme reconduisit Dayi hors de l'antre diabolique et lui dit :

« Veillez à prendre bien soin de votre précieuse personne ! Toutes les offenses de la bande de canailles de tout à l'heure, j'espère que vous voudrez bien les oublier ! »

Dayi put donc sortir de la grotte... mais ses cornes démesurées, son bec d'oiseau, ses cheveux de feu et ses pupilles vertes faisaient de lui un monstre tout à fait fantastique !

Lorsqu'il arriva chez lui, sa femme et ses enfants n'osèrent pas le reconnaître, et lorsqu'il alla en ville, d'énormes attroupements se formèrent pour le regarder ; les gens imaginaient qu'il s'agissait d'une créature monstrueuse, et les petits enfants qui le voyaient prenaient la fuite en hurlant de terreur !

Dayi s'enferma donc chez lui, ne prit plus aucune nourriture et mourut de fureur. Avant de mourir, il avait dit à sa famille :

« J'ai été mis à mal par tous les diables et démons, et maintenant c'est ma fin ! Veuillez placer dans mon cercueil une bonne quantité de papier et de pinceaux, afin qu'au Ciel je leur fasse un procès. Dans quelques jours, il y aura un prodige à Caizhou : ce sera le moment où j'aurai obtenu réparation, et vous pourrez faire des libations de vin pour me congratuler ! »

A ces mots, il avait trépassé.

Trois jours plus tard, vents et pluies se déchaînèrent en plein jour, des nuages sombres couvrirent tout, le tonnerre gronda et la foudre claqua à secouer toute la région, tandis que toutes les tuiles des toits volaient, que les grands arbres étaient déracinés... Il fallut attendre que la nuit fût passée pour que le calme revînt.

Alors, le gouffre où Dayi était tombé naguère s'était, à la suite d'un effondrement, mué en un vaste lac aux eaux écarlates ! Et soudain on entendit dans le cercueil de Dayi une voix qui disait :

« J'ai obtenu gain de cause ! Tous les démons ont été anéantis jusqu'au dernier ! Les Tribunaux célestes m'ont conféré, en récompense de ma droiture, la charge de juge de la cour du Vide-Suprême, une fonction des plus importantes et des plus prestigieuses, et je ne reviendrai plus dans le monde des hommes ! »

Sa famille fit les sacrifices rituels et l'inhuma ; ensuite, sa puissance surnaturelle se manifesta de façon occulte.

La belle aux habits verts

Zhao Yuan de Tianshui avait de bonne heure perdu père et mère, et n'avait pas encore pris femme. Au cours de l'ère Yanyou (1314-1321), il fit un voyage d'étude à Qiantang et s'installa en étranger sur les pentes du Mont-aux-Puéraires, à proximité du lac de l'Ouest, près d'une ancienne demeure de Jia Sidao des Song.

Yuan, qui vivait seul, s'ennuyait ferme, et un soir qu'il était allé, au crépuscule, s'appuyer sur le devant de sa porte, il vit venir de l'est une jeune fille tout de vert vêtue, à la coiffure en double chignon. Elle pouvait avoir une quinzaine d'années et, bien qu'elle ne fût ni fardée ni poudrée, elle était d'une extraordinaire beauté, et Zhao Yuan la suivit longuement des yeux.

Le lendemain, sortant de chez lui comme la veille, il l'aperçut derechef, et cela se reproduisit au total plusieurs fois : elle venait régulièrement à la tombée du jour.

Yuan lui demanda enfin, par manière de plaisanterie :

« Où se trouve donc votre demeure, pour que vous veniez ici soir après soir ? »

Elle se prosterna et rétorqua en riant :

« Ma maison est voisine de la vôtre, mais vous ne vous en doutez pas ! »

Yuan la lutina, pour voir, et elle répondit si gaiement à ses avances qu'il la retint chez lui pour la nuit ; et ils goûtèrent les joies d'une profonde intimité.

A l'aube suivante, elle prit congé, pour revenir avec la nuit.

Cela dura plus d'un mois, et leur amour était extrême. Yuan lui demanda comment elle s'appelait, où elle habitait, mais la belle lui dit :

« Tu as obtenu une jolie femme, n'est-ce pas suffisant ? A quoi bon vouloir à toute force en savoir davantage ? »

Comme il continuait à la presser de questions, elle lui dit :

« Puisque j'ai toujours une robe verte, tu n'as qu'à m'appeler " la femme en vert ", et voilà tout ! »

En définitive, elle refusa de lui dire où elle demeurait. Yuan, pour sa part, se dit qu'il avait affaire à quelque suivante ou concubine de grande maison, qui sortait nuitamment pour des escapades secrètes et qui, craignant que cela ne devînt manifeste et ne s'ébruitât, préférait par conséquent ne rien révéler.

En tout cas, sa confiance en elle était totale, il la chérissait, il l'adorait !

Un soir qu'il était pris de vin, il dit, pour plaisanter, en désignant les vêtements de la jeune femme :

« Voilà ce qu'on peut vraiment appeler

Verte, verte la robe,
La bigarrure,
Pour la roture !... »

Elle rougit de confusion... et ne vint plus pendant plusieurs soirs !

Lorsqu'elle réapparut, Yuan lui demanda la cause de son absence. Elle dit alors :

« En fait, mon intention était de rester toujours avec toi, mais que faire si je me vois traitée comme une domestique, au point d'être toute décontenancée, tant j'ai honte ? C'est la raison pour laquelle, plusieurs jours durant, je n'ai pas osé venir te tenir compagnie... Mais puisque tu es déjà au courant, je ne te cacherai maintenant plus rien, et je te prie de me permettre de tout te dire. Toi et moi, nous sommes de vieilles connaissances, et présentement, si nous n'éprouvions pas l'un pour l'autre un immense amour, il ne m'aurait jamais été possible de venir ici ! »

Yuan, stupéfait, lui demanda de s'expliquer, et elle reprit avec affliction :

« Mais puis-je être sûre que tu n'auras pas peur de moi ? Eh bien, en réalité, je ne suis pas une créature de ce monde... Mais d'autre part, je ne saurais non plus être pour toi une source de malheurs, car c'est une question de sort infernal, d'anciennes affinités prédestinées qui n'ont pas été épuisées ! »

Yuan sursauta de surprise et s'exclama :

« Je serais curieux de savoir exactement ce dont il s'agit ! »

Elle continua :

« Je suis une suivante du défunt ministre des Song, Jia Sidao. Issue originellement d'une excellente famille de Lin'an, je me montrai très tôt enfant prodige au jeu de *weiqi*, les échecs d'encerclement, ce qui fit qu'à l'âge de quatorze ans, on me prit comme suivante joueuse d'échecs. Chaque fois que Jia Sidao revenait de la cour ou qu'il donnait un banquet dans la salle des Menus-Loisirs, il ne manquait pas de me faire appeler pour jouer et me témoignait une très grande faveur... A cette époque-là, tu étais, toi, domestique à coiffe bleue dans sa maison ! Ta fonction était de préparer le thé, et c'est la raison pour laquelle, chaque fois que tu apportais le thé et les tasses, tu pouvais pénétrer dans les appartements privés. En ce temps-là, tu étais jeune, et d'une beauté qui m'avait frappée : je t'admirais et un jour, à la faveur de l'obscurité, je t'ai lancé une bourse à sapèques en soie brodée ! De ton côté, tu m'as fait cadeau d'une boîte à fard, en écaille. Mais malgré l'attrait que nous éprouvions l'un pour l'autre, l'intérieur et l'extérieur de la résidence restaient strictement séparés et secrets, et nous ne pûmes jamais trouver l'occasion propice... Par la suite, une de mes camarades, qui m'avait percée à jour, me calomnia auprès de Jia Sidao, et l'on nous accorda, à toi et à moi, la faveur de mourir ensemble près du Pont-Coupé du lac de l'Ouest... Maintenant, te voici, toi, revenu en ce monde sous la forme d'un homme, tandis que moi, je suis toujours sur le registre des fantômes ; comment échapper à ce destin ? »

A ces mots, elle versa un flot de larmes en gémissant.

Mais Yuan était lui aussi bouleversé par ce récit, et au bout d'un moment il dit :

« S'il en est réellement ainsi, c'est que nous sommes unis par des affinités pour une nouvelle vie ; il faut donc nous aimer plus encore, pour que cela compense nos vœux inexaucés de jadis ! »

Dès lors, elle resta dans la maison de Yuan sans plus le quitter. Normalement, Yuan n'était pas très fort aux échecs, mais elle lui apprit à jouer et lui transmit toute sa merveilleuse maîtrise du jeu, et tous ceux qui d'ordinaire étaient célèbres comme brillants joueurs ne purent plus, quels qu'ils fussent, lui résister !

Chaque fois que la jeune femme contait une anecdote sur Jia Sidao et parlait de ce dont elle avait été témoin autrefois, elle en faisait le récit très clair et circonstancié.

Elle narra par exemple ceci : un jour, Jia Sidao, appuyé à un pavillon, laissait errer son regard à l'horizon, quand le hasard fit que deux hommes en habits simples et turbans noirs, débarquant d'un petit bateau, montèrent sur la rive du lac. Une des concubines s'exclama : « Quelle beauté, ces deux jeunes gens ! — Auriez-vous envie d'être à leur service ? demanda-t-il. Dans ce cas, il faudrait faire une demande en mariage ! » La concubine éclata de rire sans répondre. Un moment plus tard, il ordonna à un domestique d'apporter un coffret, cria à toutes les concubines d'approcher et dit : « Tout à l'heure, j'ai fait la demande en mariage de telle concubine ! » Elles ouvrirent le coffret et regardèrent : il contenait la tête de la concubine en question, et toutes les autres se retirèrent avec un frisson d'horreur !

Une autre fois, il fit acheter plusieurs centaines de bateaux de sel, qu'il fit transporter à la capitale pour le vendre. Alors, un étudiant du Grand Collège fit un poème disant :

Au fleuve, cette nuit, remous et turbulences :
Par pleins bateaux, c'est le sel de Son Excellence !
Bien qu'il fût destiné aux assaisonnements
Il n'en fallait pourtant pas tant, assurément !

Lorsque ces lampons parvinrent aux oreilles de Jia Sidao, il fit jeter en prison le lettré responsable, qui fut condamné pour calomnie !

Une autre fois, alors que la population du Zhexi avait à

souffrir du système des « champs communs », quelqu'un inscrivit sur le bord de la route un poème satirique qui disait :

Xiangyang isolée, assiégée des ans durant...
Mais foin de guerre, près du lac on prend du bon temps !
On ne veut rien savoir des passes stratégiques
On accable le peuple de « champs communs » iniques.

Lorsque Jia Sidao l'apprit, il fit arrêter le responsable, qui fut déporté au loin.

Une autre fois, il offrit un repas à un millier de taoïstes. Quand ils furent tous là au complet, voici qu'arriva un autre taoïste aux vêtements en guenilles : il se présenta à la porte et demanda un repas. Le maître fit répondre que, le nombre fixé étant atteint, il n'y avait pas de raison de le laisser entrer. Mais le taoïste insista de plus belle au lieu de s'en aller, et Jia Sidao dut se résigner à lui faire donner à manger près de la porte. Une fois que l'homme eut terminé, il reposa son écuelle sur la table et s'en fut. Comme tous les autres, unissant leurs forces, avaient essayé de soulever l'écuelle sans parvenir à la bouger, ils s'en ouvrirent à Jia Sidao, qui vint en personne et la souleva, découvrant en dessous un distique qui disait :

Si s'offre belle retraite, prenez-la sur l'heure,
Car à Zhangzhou viendront les fruits, après les fleurs !

C'est alors seulement qu'il comprit qu'il avait reçu, sans s'en rendre compte, la visite d'un véritable Immortel ! Mais en définitive, il ne parvint pas à percer la signification de ce mystérieux Zhangzhou... Las ! qui eût dit que les périls de l'ermitage du Kapokier, à Zhangzhou, l'attendaient !

Un autre jour, il y eut un batelier qui amarra son embarcation près de la digue de Su Dongpo ; c'était juste l'époque de la canicule, et il se coucha à l'arrière de son bateau, mais ne put fermer l'œil de la nuit. C'est alors qu'il vit trois hommes minuscules, ayant à peine la taille d'un pied, qui étaient réunis sur le sable de la grève et devisaient : « Le sieur Zhang arrive, que faire ? disait l'un. — Le premier ministre Zhang est d'une grande cruauté : à coup sûr il ne pardonnera pas ! disait un autre. — Pour moi, tout est fini, mais vous pourrez, vous, voir sa ruine ! » conclut le troisième. Après quoi ils se mirent tous ensemble à pleurer et rentrèrent dans l'eau. Or le lendemain, certain pêcheur nommé Zhang attrapa une tortue d'eau douce d'un diamètre de plus de deux pieds, qu'il s'en fut livrer à la résidence de Jia Sidao... et moins de trois ans plus tard les malheurs se déchaînaient. Ces calamités, ces créatures les connaissaient déjà à l'avance : c'est la destinée, à laquelle il est impossible de se soustraire !

« Que je t'aie présentement rencontrée, dit Zhao Yuan à la belle, est-ce que ce n'est pas l'effet du destin ?

— Voilà, dit-elle, qui est tout à fait vrai !

— Mais ton énergie vitale d'esprit est-elle susceptible de demeurer longtemps en ce monde ?

— Quand le moment sera venu, elle se dissipera.

— S'il en est ainsi, quand sera-ce ?

— Dans trois ans. »

Cependant, Yuan n'y crut pas.

Lorsque ce temps fut venu, la jeune femme tomba malade et s'alita pour ne plus se relever.

Yuan voulut faire venir un mire, mais elle refusa en disant :

« Autrefois, je t'ai véritablement prévenu ! Les liens de nos affinités prédestinées, notre amour de mari et femme, les voici qui prennent fin maintenant ! »

Alors, serrant de sa main le bras de Yuan, elle lui fit ses adieux en ces termes :

« En tant que créature du monde obscur, il m'a été donné de te servir et, comme j'ai eu la faveur de n'être pas rejetée, il m'a été possible de te chérir pendant tout ce temps. Jadis, une simple pensée d'amour secret nous a tous deux précipités dans un malheur imprévisible, mais la mer séchera, les pierres fondront avant que nos regrets soient effacés ; la terre s'épuisera, le ciel se videra avant que notre amour soit anéanti ! Maintenant que, par bonheur, il m'a été donné de continuer l'amour d'une existence antérieure, de tenir la promesse d'une vie précédente, ces trois années passées ici ont comblé tous mes vœux. Je te prie désormais de me quitter, et de ne plus penser à moi ! »

Ayant dit, elle tourna son visage vers le mur et s'endormit. Yuan eut beau l'appeler, elle ne répondit plus.

Bouleversé, il fit confectionner bière et cercueil afin de l'inhumer.

Au moment de l'enterrement, il fut frappé de la légèreté étrange du cercueil. Il l'ouvrit pour l'examiner : il ne contenait que sa robe verte, ses épingles de tête et ses boucles d'oreilles !

C'est donc un cercueil vide qu'il inhuma au pied du Mont-du-Nord. Et Yuan, par reconnaissance pour son amour, ne se remaria pas ; il alla chercher asile au Lingyinsi, le monastère de l'Ermitage-Surnaturel, où il entra en religion et vécut en bonze jusqu'à la fin de ses jours.

Le grand gouverneur du Sichuan

Ji Fuqing de Jingkou était un descendant de Ji Wen [fonctionnaire corrompu] des Tang. Au cours de l'ère Jianyan des Song (1127-1131), quelqu'un qui gardait soigneusement ce secret fut nommé au poste de chef de la police à Jintan de Runzhou, puis s'y établit ; ses enfants et petits-enfants devinrent, de génération en génération, natifs de Jintan, et comme leur fortune était la plus considérable de toute la région, les gens les appelaient *Ji banzhou jia*, les « Ji, famille d'une demi-préfecture ».

Fuqing avait de naissance une particularité extraordinaire, celle d'avoir double pupille à un œil. Il était lié d'amitié avec deux richards de Piling, Zhao Defu et Jiang Yanyi, et leurs relations étaient très harmonieuses. Fuqing était un être au grand cœur qui s'engageait courageusement pour la justice. Les trois hommes partirent un jour, munis de sommes considérables, faire du commerce au Fujian et au Zhejiang.

A cette époque, deux hétaïres de Wulin [Hangzhou], Fille-d'automne et Flûte-de-jade, tenaient le premier rang dans les registres des courtisanes. Or Defu et Yanyi devinrent des plus intimes avec elles, et Fuqing eut beau les adjurer maintes et maintes fois de mettre un terme à leur liaison, ils continuèrent à les fréquenter à leur guise... et il ne fallut pas plus de deux ans pour que leur escarcelle fût totalement vide !

Alors ils s'en retournèrent... mais, bientôt, firent de nouveau leurs bagages et repartirent ; les gratifications distribuées pour des sourires vénaux, l'or dépensé à pleines mains, amenèrent derechef, en une année, leur ruine. Les deux hommes se concertèrent en secret, vendirent la totalité de leurs biens, puis, emportant leur fortune, se remirent en route pour Wulin, sans se soucier le moins du monde de leur famille, jeunes ou vieux !

Fuqing en fut fort affligé mais, malgré ses admonestations sans nombre, les deux autres n'écoutèrent rien. Alors il finit par se fâcher et partit pour le Fujian, après un banquet d'adieu au cours duquel il leur fit toutes les remontrances imaginables, disant :

« Puisque je suis votre ami intime, comment pourrais-je garder le silence ? Des critiques salutaires, tel un remède miracle, c'est le devoir d'un ami. Même si mon humble position et mes avis de peu de poids ne sont pas susceptibles de vous faire prendre conscience, pouvez-vous donc, messires, compter pour rien vos épouses et vos enfants ? »

Ils firent mine d'acquiescer et répondirent :

« Bien parlé, grand frère ! Nous autres, nous savons vis-à-vis de quoi il faut que nous soyons sur nos gardes ! »

Fuqing alla habiter Fuzhou, où ses affaires prospérèrent. Insensiblement, trois ans passèrent avant qu'il s'embarquât pour rentrer. Au moment de passer par Qiantang, il voulut d'abord rendre visite à ses deux amis, mais voici qu'il les rencontra en chemin : tout amaigris et souffreteux, les habits en loques et en guenilles... au point qu'il faillit ne pas les reconnaître ! Ils se tenaient, mains jointes, au bord de la route, ne pouvant retenir soupirs et sanglots. Fuqing les entraîna aussitôt pour les emmener à bord de son bateau, leur donna de beaux habits de rechange, les régala de vin fameux, leur prodigua des consolations de leurs peines, et leur témoigna, tant dans ses sentiments que dans ses manières, la plus parfaite amitié.

Les deux hommes, après avoir versé maints flots de larmes, lui dirent :

« C'est uniquement pour n'avoir pas mis à profit vos conseils, frère aîné, que nous sommes tombés si bas ! Mais, en tout état de cause, il est trop tard pour les remords ! Ce qui nous fait enrager, c'est que les créatures " des brumes et des fleurs " soient d'exécrables garces, qui n'ont pas l'ombre d'un sentiment dans le cœur ! Nous deux, c'est une fortune de dix mille onces d'or que nous avons dilapidée pour elles ! Or, hier, quand nous avons franchi leur seuil, elles ont fait celles qui ne nous connaissaient pas et donné l'ordre qu'on nous chassât, de peur que nous ne leur fissions honte ! Il faut à tout prix les tuer, et alors seulement l'affaire sera close ! »

Fuqing dissipa leur rancœur et dit :

« Vous deux, messires, qui votre vie durant avez fréquenté les rues et venelles des " fleurs et des saules ", comment pouvez-vous ignorer que ce sont là les usages habituels de cette corporation ? A quoi bon vous mettre en colère par surcroît ? La vie humaine est chose précieuse s'il en fut, et il ne faut surtout pas laisser surgir de mauvaises pensées ! Faites seulement vos bagages au plus tôt et prenez le chemin du retour ! Si c'est un capital qu'il vous faut, j'ai ici tout ce que vous voudrez. Les Anciens l'ont dit : les amis ont le devoir de partager leurs richesses, et si l'on n'est bon qu'à offrir une coupe de vin ou à aller en villégiature, mais ne montre nulle pitié pour la misère, nul égard pour la détresse de ses amis, alors — quand on dégoûterait même les chiens ou les porcs ! — mérite-t-on encore le nom d'homme ? »

Après quoi il leur prêta à chacun vingt mille taels.

Et les deux hommes, emportant l'aubaine... se rendirent derechef chez leurs prostituées qui, les voyant vêtus de beaux habits et turbans, l'air tout glorieux, furent fort stupéfaites, mais leur firent grand accueil comme par le passé.

Fuqing, lui, pressait ses deux amis de rentrer, mais ils se jouèrent de lui en disant :

« Souffrez que nous rassemblions un peu nos affaires, et attendez-nous quelque temps ! Au cas où vous auriez à faire, vous pouvez toujours nous précéder !

— Ouais ! rétorqua Fuqing. Quels propos tenez-vous là ! Si je m'en vais, il est sûr et certain que vous ne pourrez plus vous décider à partir ! Aussi, même si cela doit durer un ou deux mois, il me faut en tout cas vous attendre. Comment, en effet, oserais-je jamais vous abandonner ? »

Peu après, Yanyi fut atteint par une maladie et dut rester couché chez sa courtisane ; mais Defu, qui allait quotidiennement lui prêter assistance, contracta la même affection et, avant qu'une décade fût écoulée, ils avaient trépassé l'un après l'autre !

Fuqing se rendit sur place pour les pleurer, inconsolable ; il fournit tenues de soie et cercueils de laque pour vêtir et ensevelir les morts selon les rites ; puis il fit égorger un mouton et filtrer du vin pour un sacrifice, après quoi les cercueils furent provisoirement déposés dans une cellule de moine du temple de l'Ermitage-Surnaturel.

Sur le point de s'embarquer pour partir, Fuqing se munit

encore de mets pour aller faire les offrandes et libations aux défunts, et composa des élégies funèbres qui disaient :

Dans la vie et la mort, l'amitié est sacrée :
J'offre mes pleurs, et ces libations consacrées.
Amis partis, âmes aimant ensemble errer,
Le coucou au vent d'est ne se peut reprocher !

Vole, navette, et la vie file à l'unisson !
On donne en vain son or pour rires et chansons !
Nuage et pluie interrompus : n'y pensons plus !
A Amida portons un trône de lotus !

O la lune automnale, ô la fleur de printemps :
Aux maisons de plaisir on s'octroie du bon temps ;
Fraîcheur de brise pure, lune au disque brillant...
En cellule de bonze vous voici maintenant !
Ce qu'est la vie de l'homme, voulez-vous le savoir ?
— Un songe pur, hélas ! et un rêve illusoire !

Ces deux beautés fameuses, et fleurs de séduction,
Quand leurs clients sont loin, grande est leur affliction !
La Terrasse de Zhang est de saules plantée,
Et le rameau d'adieu, de la main agité !

Sources Jaunes, vie et mort, route dans le lointain,
Parmi fleuves et lacs, renom de libertin ;
Voisins craignant les pleurs d'épouse et de marmaille,
Car c'est un bruit à vous déchirer les entrailles !

Rien n'arrête les chants, et les danses ne cessent,
Pour les jeunes ne restent fastes ni richesse.
Des os sans sépulture ! Si vous l'aviez prévu,
Vous auriez donné votre or pour un tumulus !

Quand les libations sacrificielles furent terminées, Fuqing défit l'amarre de son bateau et partit.

Un bon mois après son arrivée chez lui, il se rendit à Piling pour prendre des nouvelles des épouses et des enfants de ses amis. Il leur annonça le décès des deux hommes et rendit compte de tous les détails de leurs funérailles. En outre, il offrit quarante mille ligatures aux deux familles, et chargea de leur gestion des membres des deux clans, pour que les familles ne se retrouvent pas sans feu ni lieu. Puis il ajouta en guise de consolation :

« Quant aux dépouilles de vos éminents époux, attendez que votre serviteur passe par Hangzhou : je ne manquerai pas de les rapatrier dans leur précieuse contrée d'origine et de chercher une terre bénite où les ensevelir en paix. Ne vous faites donc nul souci ! »

Sur ces entrefaites, Fuqing alla effectivement faire du négoce au Liangzhe, et il en obtint dix fois ses investissements. Il se rendit en personne au temple de l'Ermitage-Surnaturel, et c'est de ses propres mains qu'il ouvrit les cercueils pour mettre les restes de ses amis dans des caissettes de bois qu'il rapporta à Wuxi ; là, il acheta un terrain dans la montagne, où il les inhuma. Les dépenses afférentes à tout cela, c'est Fuqing qui les prit intégralement à sa charge. De plus, il manda des bonzes pour accomplir la grande cérémonie purificatoire de trois jours et trois nuits, afin d'obtenir pour ses amis un heureux séjour dans l'au-delà. Et sa réputation d'ami parfaitement fidèle et dévoué se répandit parmi les rivières et les lacs.

Il se trouva soudain que les troubles funestes de la fin des Yuan éclatèrent, dans le brouhaha et les clameurs des populations qui déferlaient.

Fuqing, ne sachant quel parti prendre, était un jour assis chez lui et réfléchissait en silence, quand tout à coup approchèrent, côte à côte, Yanyi et Defu ! Fuqing, oubliant sur le moment qu'ils étaient morts, les accueillit avec joie.

Yanyi lui demanda :

« Messire, d'où vient que vous soyez ici à ne rien faire, perdu dans vos pensées, comme si de graves soucis vous accablaient ? »

Fuqing leur en expliqua la raison, mais les deux hommes lui rétorquèrent ensemble :

« Aucune importance ! Nous avons d'ores et déjà, de notre côté, pris les instructions du Ciel supérieur, qui nous a commis à la direction des Esprits infernaux, afin de protéger votre famille. »

A ces mots, leurs formes s'évanouirent, et c'est alors seulement que Fuqing se remémora qu'ils étaient morts !

Mais dès lors, lui et sa famille eurent beau se trouver en plein milieu des troubles de la soldatesque, ils ne furent presque jamais alarmés et purent vivre paisiblement, comme en temps normal. Quand vint l'an 1369 de l'ère Hongwu, Fuqing, âgé de quatre-vingts ans, s'éteignit sans maladie.

Deux ans passèrent ; puis, en l'an 1372, Xu Jianyin, originaire du même district, et qui avait été nommé assistant de Cangxi au Sichuan, avisa dans les montagnes un cortège avec fanions, étendards, chevaux caparaçonnés, et plus d'une centaine de gens d'escorte ; tout ce somptueux équipage devait, se dit-il, être celui de quelque haut fonctionnaire. Il se tint donc debout sur le bas-côté de la route, afin d'attendre son passage. Quand le cortège arriva... c'était Fuqing, qui se tourna vers Xu et lui dit :

« J'ai entendu dire que vous aviez été nommé magistrat assistant de ce chef-lieu, et il y a longtemps que j'avais envie de vous rencontrer ! »

Alors il descendit de sa monture pour bavarder avec Xu, puis s'informa de la situation dans leur pays d'origine et demanda des nouvelles circonstanciées de sa famille. Xu, qui était parent par alliance de Fuqing, se prosterna à deux reprises et s'enquit :

« Cousin, depuis que vous avez quitté ce monde, le temps de deuil de trois ans est révolu. Comment avez-vous obtenu pareille situation ?

— L'empereur d'En Haut, expliqua Fuqing, m'a, en considération des humbles mérites de ma destinée, nommé grand gouverneur de la province du Liangchuan [Sichuan], une charge de la plus haute importance, puisqu'elle couvre tous les génies tutélaires de l'ensemble du territoire du pays de Shu, ainsi que ceux qui ne sont pas répertoriés dans les registres surnaturels, mais qui sont soumis en totalité à ma juridiction. L'antique temple qui se trouve au prochain village est sous ma dépendance ; j'ai sous mes ordres quatre juges, mais présentement il m'en manque encore deux. J'ai déjà présenté un rapport pour recommander Defu et Yanyi à ce poste, et je suppose qu'ils ne devraient pas tarder à arriver. Il faudra que vous veilliez à faire réparer et rénover mon sanctuaire — et de mon côté je devrai au pays la protection des populations. Mais par ailleurs, vous êtes bien jeune et c'est la première fois que vous arrivez à un poste officiel : or, si je n'étais pas intervenu secrètement en votre faveur, à quoi votre réputation serait-elle due ? »

Xu joignit poliment les mains et pria Fuqing de lui donner ses instructions. Fuqing reprit :

« Intégrité et indulgence, ces deux mots sont de vrais talismans ! Seule l'intégrité permet de s'imposer une règle de vie, seule l'indulgence permet d'être en contact avec le peuple ; par l'intégrité, le cœur se fortifie ; par l'indulgence, le peuple devient plus proche ; quand le peuple est proche, il amende sa conduite, et c'est le terme ultime des compétences d'un fonctionnaire ! »

Ayant ainsi parlé, il éperonna son cheval et s'en fut, si vite qu'on eût dit qu'il volait !

Xu, tout déconcerté, continua sa route jusqu'au village suivant, où il y avait en effet un ancien sanctuaire dressé au sommet de la montagne.

Il interrogea un vieil habitant, qui lui dit :

« C'est le temple de Son Excellence le grand gouverneur. Voilà des années qu'il est en ruine, mais ces temps derniers on a parfois aperçu des cavaliers et des hommes d'escorte qui y entraient ou en sortaient en faisant un bruit surnaturel. Nous, les vieux, nous avions bien le projet de refaire l'édifice à neuf, mais nous n'avons pas encore entamé les travaux. »

L'assistant Xu fut fort aise de ces informations ; il révéla au vieillard l'épisode de sa rencontre avec Fuqing, puis le pressa de réaliser son dessein, lui fournit les subsides nécessaires et confia tout spécialement au scribe de la sous-préfecture, nommé Zou Zhong, le soin de superviser les travaux.

Ils furent promptement terminés ; alors on dévoila l'ancienne tablette frontale, on fit sculpter une effigie de Fuqing pour la salle principale, celles de Defu et de Yanyi ornant les galeries de l'Est et de l'Ouest. Puis on envoya des gens à Kuizhou demander au grand préfet Sheng Nanjin une inscription qui fut gravée sur stèle, comme avant-propos à la biographie de Fuqing.

Dès lors, les prodigieuses faveurs de Fuqing se manifestèrent surabondamment, une évidente pluie de bienfaits se répandit, et les populations des régions les plus lointaines elles-mêmes, quand elles étaient victimes d'inondations, de sécheresses ou d'épidémies, voyaient immanquablement leurs prières exaucées.

Par la suite Xu, ayant terminé son mandat, retourna chez lui et s'en fut rendre visite aux deux fils de Fuqing, Yuanli et Yuanxin ; et lorsqu'il commença à parler de ces événements, Yuanli lui dit :

« Dans le passé, mon frère et moi avons tous deux rêvé que deux hommes nous disaient : " C'est à la bienveillante faveur de messire votre père que nous devons, sans nul mérite, d'avoir été promus à la charge de juges du gouverneur du Liangchuan ; comme nous allons demain nous mettre en route, nous sommes venus prendre respectueusement congé. " Récemment, quelqu'un qui venait de Piling a été en mesure de nous dire que sa famille aussi avait fait un rêve analogue, mais que personne ne savait ce qu'il signifiait. Après vous avoir entendu, messire, on comprend enfin que notre défunt père est devenu une divinité et que, vis-à-vis de ses deux amis, il a rendu la vie à des morts et fait repousser la chair sur des ossements desséchés ! »

L'année suivante, Xu fut nommé à un nouveau poste et fit une visite au temple de Fuqing : il resplendissait de couleurs de cinabre et d'émeraude, et était glorifié par les gens de ce temps-là ; les animaux domestiques, le vin et le papier-monnaie pour les sacrifices ne manquaient jamais pendant les jours de cérémonie ; dans chaque bourg et chaque village, dans chaque famille et chaque maison, tous sans exception venaient avec dévotion se prosterner selon les rites, dans l'espoir de bénéficier de bienheureuses faveurs.

Et jusqu'à ce jour, la vertu transcendante de Fuqing continue à se manifester, et l'encens et les cierges continuent à brûler sans interruption.

Les arbres entrelacés

Shangguan Shouyu, natif de Jiangdu de Yangzhou, à l'époque où il était précepteur des Classiques de l'Académie littéraire, habitait à Shuntian [Pékin]. A l'est de son office, il avait pour voisin le vérificateur de l'historiographie dynastique Jia Xuzhong ; ce dernier, ami de Ke Jiusi, était grand peintre et habile poète, et possédait dans sa collection privée trois luths, qu'il avait baptisés respectivement « Son d'agate précieuse », « Son de breloques de jade » et « Son des îles paradisiaques » ; les trois instruments avaient été expertisés par Ke Jiusi en personne.

Shouyu, de son côté, était fort cultivé et féru de poésie ; il avait en outre la passion du luth et entretenait avec Jia Xuzhong des relations d'amitié particulièrement profondes. Chaque fois qu'ils avaient un congé, les deux hommes se voyaient et s'adonnaient familièrement, pendant des journées entières, à ces quatre passe-temps : poésie, arak, luth et échecs !

Jia, sans héritier mâle, n'avait que trois filles, dont il avait dit un jour : « Mes trois filles sont comparables à mes trois luths ! »

Et il leur avait donné des prénoms correspondant aux noms des luths : Agate, Jade et Paradis.

Le fils de Shouyu, prénommé Cui, « Fleuron », était un garçon extrêmement intelligent et supérieurement doué ; le jour de sa naissance, quelqu'un avait offert à son père l'anthologie *Tangwencui, Fleuron de la littérature des Tang*, et c'est ce qui lui avait valu son petit nom de Cuinu, « Esclave de fleuron ». Quand il eut neuf ans, on l'envoya étudier chez Jia. Là, Jia et sa femme l'aimèrent comme s'il eût été leur propre fils ; et les trois filles, de leur côté, le considéraient comme un frère et ne l'appelaient que Cuishe, « Jeune maître Cui ». C'est souvent avec la plus jeune, Paradis, qu'il étudiait ou apprenait la peinture, et les deux enfants s'adoraient. Dame Jia avait dit un jour en plaisantant :

« Si d'aventure Paradis pouvait trouver un mari comme Cuishe, ce serait l'idéal ! »

De retour à la maison, le garçon avait rapporté ces paroles à son père, qui avait conclu :

« On ne saurait être davantage en accord avec mes intentions ! »

Après quoi Shouyu avait envoyé une entremetteuse pour discuter l'affaire ; de part et d'autre, on s'était entendu, et les deux jeunes gens, par-devers eux, ne se tenaient plus de bonheur.

Or voici que, contre toute attente, Jia dut subitement démissionner et rentrer au pays. Et du mariage, il ne fut, en définitive, plus question.

Trois ans plus tard, Shouyu fut muté au poste de secrétaire général de la préfecture de Fuzhou.

Dès son arrivée, il s'installa en location dans une maison

de la ville et trouva un triple pavillon. Or la demeure qui se trouvait de l'autre côté de la rue était remarquable par son élégance. Shouyu se renseigna et apprit que c'était celle de la famille Jia ! Il s'y rendit le jour même en visite. Agate et Jade avaient déjà été données en mariage, et seule Paradis était encore là, mais elle était promise à un M. Lin. Lorsque Fleuron apprit cela, il sombra dans un désespoir sans fond ; de son côté, Paradis avait beau avoir été fiancée à un autre par ses parents, ces dispositions n'étaient nullement en harmonie avec ses vœux ! Ayant appris l'arrivée de Fleuron, elle aurait voulu le rencontrer au moins une fois, mais ne trouvait pas l'occasion de le faire. Les deux jeunes gens restaient fréquemment debout à la balustrade, de part et d'autre de la rue, se fixant à distance sans pouvoir se parler.

Un jour, Paradis enveloppa un pion d'échecs dans un mouchoir de soie blanche, qu'elle lança à Fleuron ; il le reçut et l'examina : un rameau de pêcher aux tons de carmin accompagnait un poème dont il comprit l'allusion ; mais il resta tranquille et réfléchit, se disant que, puisque le mariage était d'ores et déjà décidé, il n'y avait plus rien à faire. Il peignit donc lui aussi un rameau de prunier et répondit de même par un poème.

Puis, à l'aide d'un lien de soie multicolore, il attacha ensemble trois chevalets de luth, les ôta de l'instrument et lança le tout en réponse à Paradis.

Elle déplia le paquet et, voyant qu'il était question de l'« Ermite du mont solitaire », comprit que Fleuron la savait désormais fiancée à Lin ; elle fut au désespoir, mais ne dit pourtant rien, se bornant à broyer du noir. Peu après, il se trouva que vint la fête des Lanternes.

Au pays de Min, la coutume est de faire de mirobolants déploiements de lanternes, que les habitants des deux sexes vont admirer à l'envi. Fleuron parvint à établir que la famille et la maisonnée des Jia ne manqueraient pas de se rendre au spectacle ; il alla donc se poster en cachette aux abords de leur porte. Tard dans la nuit, à l'heure où tout était silencieux, voici qu'effectivement des porteurs sortirent avec plusieurs palanquins ; Paradis, sa mère et trois autres dames y montèrent, les servantes et domestiques suivirent, et tout ce long cortège se forma. Fleuron alla derrière et leur emboîta le pas, mais on passa plus d'une dizaine de rues sans qu'il réussît à voir Paradis. Il s'approcha donc de son palanquin et psalmodia à voix basse ce poème :

Par le Ciel envoyée en ces rues embaumées
Près des lampes d'argent, l'oie sauvage alarmée.
Qu'îles de Paradis palanquins plus distants,
La grue s'en vient de l'est, et de l'ouest le faisan.

Paradis sut aussitôt que c'était Fleuron ; elle eût voulu l'appeler, lui parler, lui révéler tout ce qui oppressait son cœur... mais dans cette nuée de suivantes et de gens d'escorte, elle n'osa pas ouvrir la bouche. Elle se borna à murmurer, de son palanquin, un poème de réponse qui disait :

Au rameau de prunier inconstant n'en veuillez,
Coupable de serments d'hiver, fleur de prunier !
Fidèle compagne est de vérité éprise,
Elle qui au galant Song Guangping fut promise.

En entendant cela, Fleuron à son tour comprit que c'était une réponse au poème et au rameau de prunier qu'il avait envoyés, et ne put s'empêcher de soupirer d'émotion.

Rentré chez lui, il alla s'asseoir dans sa chambre et songea : en dépit de la fermeté des propos de Paradis, l'engagement envers Lin était, par ailleurs, impossible à modifier. Alors il composa, dans l'intention de la lui faire parvenir, une ode sur l'air des *Phénix volant séparés...*

Quand il eut terminé, il chercha comment l'adresser à Paradis. Or, une servante de la maison Jia étant venue apporter un plateau de litchis, il rusa :

« Dans les temps, à la capitale, lui dit-il, je faisais mes études avec Paradis ; il y a plusieurs volumes que je lui avais laissés. Remets-lui ce billet, de sorte qu'elle me les rende au plus tôt. »

La servante ne se rendit pas compte qu'il s'agissait d'un poème, emporta le billet et le remit à Paradis ; celle-ci, l'ayant lu, versa des larmes amères et soupira :

« Hélas ! Il ne m'a donc pas encore pardonnée ! »

A son tour elle composa un poème de réponse sur le mode *Union des épées du dragon*, pour lui montrer que toute sa vie elle lui serait fidèle ; elle l'écrivit sur un billet de papier choisi, qu'elle plaça en secret dans un exemplaire du *Guwen zhenbao*, le *Trésor authentique de la littérature ancienne*, et remit le livre à sa suivante Lotus-vert en disant :

« Voici l'ouvrage de poésie que Cuishe avait laissé dans notre ancienne maison. Prends-le et rends-le-lui. »

La suivante alla le porter chez Fleuron qui, en l'ouvrant, remarqua le billet élégant qui s'y cachait et comprit qu'à coup sûr ce devait être un poème. Quand il en eut fini la lecture, il conclut :

« Quel talent éminent, quel raffinement dans le style ! Il n'y a là nulle trace de mièvrerie féminine et, en vérité, c'est tout à fait digne de Li Bo ! Comment pourrait-elle devenir la femme d'un quelconque rustaud ? »

Mais voici que, subitement, une terrible épidémie éclata dans la province du Fujian ; elle fut finalement fatale au jeune Lin, à qui Paradis était promise.

Les parents Jia, sachant que Fleuron n'avait pas encore pris femme, envoyèrent quelqu'un demander à son père de reprendre l'ancien projet d'alliance.

Shouyu y consentit avec des transports de joie, et lorsque les préparatifs des six rites de mariage furent faits, on fixa une date pour que le jeune homme aille en personne chercher sa fiancée chez elle ; et le soir, à la lueur des lampes et des chandelles multicolores, Fleuron fut mis en présence de Paradis — et ce fut pour lui comme si une Immortelle était descendue des cieux ! A cette occasion, chacun des jeunes mariés composa un poème célébrant son bonheur. C'était en l'an 1359, au cours de l'ère Zhizheng...

Du jour où elle entra dans la famille Shangguan, Paradis se montra une belle-fille pleine de piété filiale, une épouse docile et obéissante, et dans toute la maisonnée, il n'y avait personne qui ne louât sa vertu. Ses heures de loisir, elle les passait avec Fleuron à des joutes poétiques, ou se divertissait à jouer du luth ou à peindre. Quant aux poèmes qu'elle composa pendant des années, réunis, ils formèrent un volume que Fleuron préfaça et intitula *Duvet de neige.*

A cette époque, la réputation de talent de Fleuron était hautement reconnue : parmi les mandarins en place, plusieurs voulurent le recommander pour une carrière, mais Paradis mit toute son éloquence à le retenir, l'adjurant en ces termes :

« Présentement, les routes sont peu sûres et troublées par les brigands, et aller à la capitale est plus impossible encore que de monter au ciel ! Comment pourrais-tu abandonner les parents dont tu as la charge pour partir au loin en quête de mérite et de gloire ? Aurais-tu oublié les admonestations faites par son épouse à Wang Ruzhong : “ Le rang élevé de ton ami Linghu Zibo ne saurait être à ta hauteur à toi ” ? »

Fleuron lui donna raison, et comme il n'avait par ailleurs nulle intention de faire carrière, il refusa les offres en alléguant le grand âge de ses parents.

L'année suivante, son père trépassa.

Un an plus tard, en 1362, la capitale du Fujian fut occupée par des bandits. Les grandes familles de la ville allèrent pour la plupart chercher refuge dans les montagnes, et Fleuron lui aussi, emmenant les siens, prit la fuite. Mais les brigands les suivirent à la trace, les rattrapèrent et passèrent toute la famille au fil de l'épée. Seule Paradis échappa au massacre, car le chef voulait en faire sa femme ! Paradis, consciente de ne pouvoir échapper à ce sort, lui demanda fallacieusement :

« Maintenant que toute ma famille est exterminée, je n'ai nul endroit où retourner, et quand bien même vous consentiriez à m'épargner, général, de quoi pourrais-je vivre ? Je désire donc vous servir jusqu'à la fin de mes jours, mais je vous supplie d'inhumer mon défunt mari : après quoi je serai prête à vous suivre, et cela ne fera pas un grand retard ! »

Le brigand, trop heureux, accéda à sa requête ; il l'accompagna jusqu'à l'endroit où se trouvait le cadavre et, tirant le sabre qu'il portait à la ceinture, creusa une fosse ; quand ce fut terminé, il planta la lame dans le sol et s'assit à côté en soufflant :

« Je suis épuisé ! Epuisé ! »

Et il regarda Paradis pour lui faire comprendre qu'elle avait à prendre le sabre pour creuser la terre et combler la fosse. Mais Paradis prit l'arme et, la tournant contre elle, dit :

« Du moment que nous serons ensemble dans la mort, je n'aurai nul regret ! »

Le brigand voulut se lever pour lui arracher le sabre, mais trop tard : elle s'était tranché la gorge !

Il s'exclama avec rage :

« Puisque tu es morte, tu es morte, et tant pis ! Mais moi, compte bien que je ne vous laisserai pas être ensemble dans la mort ! »

Et il fit enterrer Paradis à plus de vingt pas de distance, afin que les deux tombes fussent séparées l'une de l'autre.

Cette année-là, Eldči Buqa, nommé gouverneur général de l'administration provinciale du Fujian, fit rassembler toutes les milices locales des sous-préfectures, afin de reconquérir la capitale de cette province ; alors seulement, la population put reprendre ses activités.

Plusieurs années plus tard, quelqu'un qui avait fui en même temps qu'elle put enfin relater le détail de l'aventure tragique de Paradis. Le gouverneur envoya des gens mener une enquête, pour qu'on fît transférer les tombes du couple selon les rites. Quand ils furent sur les lieux, ils constatèrent que, sur chacune des tombes, un arbre avait poussé en direction de l'autre, et que les branches et rameaux étaient si bien emmêlés et entrelacés qu'il était hors de question de les séparer.

Les envoyés revinrent et rapportèrent ce prodige, que le gouverneur alla lui-même voir sur place : effectivement, l'incroyable était vrai !

Il n'osa donc pas faire ouvrir et déplacer les tombes, mais se contenta de les remettre en état, puis d'accomplir les libations et les sacrifices rituels. Les gens appelèrent ces tumuli « les tombes aux arbres entrelacés », et jusqu'à ce jour, au Fujian, on en parle encore.

La danse des sabres à la Muraille-Verte

Au cours de l'ère Zhizheng (1341-1367), deux taoïstes nommés Zhen Benwu, Néant-originel, et Wen Guxu, Vide-naturel, nés en des lieux inconnus, étaient les hôtes provisoires de la cour du prince Weishun [Qučun Buqa, de la famille royale mongole]. Ils possédaient à fond l'art de l'escrime à l'épée, étaient versés dans la stratégie, spécialement experts en stratagèmes, et on les appelait *wenwucai*, « génies des Lettres et des Armes ». Quant au prince, bien qu'il leur offrît le gîte et le couvert, il ne s'était jamais encore avisé de leurs talents, et seul Wei Junmei de Fankou faisait grand cas des deux hommes.

Un jour, le prince s'en fut en villégiature dans un de ses parcs d'agrément, et dit aux deux taoïstes de lui tenir compagnie. Ils en profitèrent pour prendre la liberté de lui faire des remontrances :

« Actuellement, une paix parfaite règne dans l'empire, et ce, depuis longtemps ; l'abondance et la prospérité sont à leur point culminant. Aux yeux de Votre Altesse, c'est assurément le moment de dormir sur ses deux oreilles et de suivre tous ses caprices, et la meilleure occupation, c'est de ne s'adonner qu'à la musique et aux femmes, aux chevaux et aux chiens — et pourquoi se soucier d'autre chose ! Mais aux yeux de Vos stupides serviteurs, il y a justement là de quoi s'inquiéter gravement ! Le souverain [Shundi, Tohan Timur, dernier empereur mongol, 1333-1367] est vieux et borné, l'impératrice Qi est une favorite qui n'en fait qu'à sa guise ; Qama, Süsüg et consorts sèment, par leurs artifices de sorcellerie sexuelle, l'abrutissement et le doute dans le cœur du monarque ; la corruption et l'usage des pots-de-vin se pratiquent ouvertement ; les notions de bien et de mal sont inversées ! Au-dessus, le Ciel est en plein bouleversement, et les dirigeants ne s'en avisent pas ; au-dessous, le peuple est écrasé de misère, et ils ne le savent point ; les préparatifs militaires ne sont pas faits, le gouvernement laisse tout aller à vau-l'eau ; les minables se dévergondent, les hommes de bien se cachent ; le péril est imminent, comme trente mille livres en suspens à un cheveu ; la catastrophe peut survenir d'un instant à l'autre, et nous sommes au bord du danger suprême. Su Xun l'a déjà dit : " Quand il y a les germes de l'anarchie sans qu'il y en ait les symptômes, c'est ce qu'on appelle anarchie imminente "... Votre Altesse est un membre proche de la famille royale, un pilier de la défense de la région du Yangzi et de la Han : il serait de Son devoir de faire appel aux hommes vertueux et compétents, de choisir des officiers de valeur pour entraîner les troupes, de faire des réserves financières et de réduire les dépenses, d'être enfin secrètement prête à toute éventualité ! De la sorte, si jamais l'herbe commençait à bouger sous le vent des troubles, si les fondements de l'univers branlaient, Votre Altesse serait dans l'instant en mesure de lever l'étendard de la justice, et se trouverait en tête pour faire face aux périls ; ainsi, en haut Votre Altesse soulagerait les alarmes de Son souverain et père, en bas Elle irait jusqu'au bout du devoir d'un sujet et d'un fils — et reconquerrait la

Chine, recouvrant le territoire perdu et le lustre d'antan. Après quoi, ces services rendus, Elle se retirerait à petit bruit, sans tapage sur Ses mérites mais suppliant au contraire qu'on l'autorise à rentrer sur Ses terres, pour garder la Chine du Sud pendant des générations. Tant de hauts faits feraient que les chroniqueurs baptiseraient Votre Altesse le génie de la famille royale de la Grande Dynastie Yuan, et garderaient précieusement les annales de Ses mérites dans des coffres d'or, qui seraient laissés à la postérité pour dix mille ans ! Ne serait-ce pas grandiose ? Ne serait-ce pas d'une suprême excellence ? »

Mais le prince trouva ce discours bizarre et rétorqua :

« Vous deux, ne seriez-vous pas malades, ou devenus fous ? Que signifient ces propos extravagants ? Ma parole, je m'en vais vous faire arrêter et déférer au tribunal ! »

Les deux taoïstes restèrent muets et se retirèrent. Puis ils se concertèrent et conclurent :

« Quelqu'un qui est gâté et pourri jusqu'aux moelles, dont l'âme est perdue et l'esprit épuisé, quel enseignement pourrait encore le toucher ? Pourquoi ne pas chercher plutôt quelque héros au grand cœur à qui proposer nos services ? C'est peine perdue que de donner des conseils à un imbécile !... En tout cas, si maintenant nous ne partons pas d'ici, le malheur va nous attraper ! »

Cependant, avant de s'enfuir, ils laissèrent à la tour des Grues-Jaunes plusieurs poèmes.

Le quatrain de Néant-originel disait :

Qui toujours nourrit vues sublimes, visées géniales,
Son souffle est arc-en-ciel, sa lame, givre automnal !
Sur l'éloquence à la Su Qin crions haro,
Ce qu'il faut, c'est offrir son aide à des héros !

Et Vide-naturel ajouta deux quatrains qui disaient :

Un brave colossal, à la martiale ardeur,
Jouer, lui, les lettrés corrompus ? Ça l'écœure !
Le Vieux de la Pierre-Jaune t'attend près du pont,
Tu as le livre unique : « Le Fourreau du Dragon ».

Sabre « Hibiscus » tiré luit d'un éclat glaçant :
La lame porte encore de l'ennemi le sang.
S'approcher pour en savoir plus, quelle bêtise !
Et traiter ce prince en héros, simple méprise !

Le prince Weishun, mis au courant, les fit rechercher, mais ils demeurèrent introuvables. Peu après, des troubles et des révoltes éclataient, exactement comme les taoïstes l'avaient prédit.

En l'an 1355 de l'ère Zhizheng, Ni Wenjun s'empara de Mianyang ; le fils du prince Weishun, Bao'ennu, ainsi que le général commandant les armées du Hunan, Aslan, l'attaquèrent à la fois sur terre et sur eau, pour le réduire. Parvenus à la rivière Han, les eaux peu profondes engluèrent leurs bateaux ; Ni Wenjun les fit brûler en utilisant des radeaux incendiaires, et Bao'ennu y laissa la vie.

Lorsque le prince Weishun réfléchit à ces malheurs, il mit tous les moyens en œuvre pour retrouver les deux taoïstes, mais en vain.

Quand Chen Youliang apprit que les deux hommes se trouvaient dans la région comprise entre Guangzhou et Huangzhou, il rédigea une lettre déférente pour les inviter en toute courtoisie : mais au lieu de venir, ils s'éclipsèrent et entrèrent au Sichuan.

Sur ces entrefaites, Ming Yuzhen se rendit maître du Sichuan, et comme il connaissait de longue date le renom des deux hommes, il les fit rechercher... mais sans parvenir lui non plus à les trouver.

Lorsque notre céleste dynastie [Ming] eut fini de réprimer tous les brigands et rebelles, et que tout entre les quatre mers ne fut plus qu'une seule Maison, le frère aîné de Wei Junmei, Wei Junyan, devint sous-préfet adjoint de Xichong [au Sichuan]. Junmei se rendit donc dans cette province pour rencontrer son frère, mais durant le trajet du retour, son bateau fit naufrage, et tous les passagers qui l'accompagnaient finirent dans le ventre des poissons ! Seul Junmei, accroché à une planche, fut ballotté par les vagues jusqu'au rivage, et c'est à cela qu'il dut de rester en vie ; mais il se retrouvait subitement sans bagages ni argent ! Ayant par hasard récupéré dans sa ceinture quelques bribes de monnaie d'argent, il s'empressa d'aller chercher refuge chez un paysan riverain, auquel il demanda du feu pour sécher ses habits et acheta à manger pour calmer sa faim, tout en balançant et en hésitant, car il ne savait quel parti prendre...

Mais le vieil homme, observant ses propos et son air, se rendit compte que ce n'était pas un individu ordinaire et le traita avec tous les égards possibles. Il resta donc plusieurs jours, et une fois qu'il était allé se promener, voici soudain que les deux taoïstes apparurent devant lui, le saluèrent et lui dirent :

« Sieur Wei, votre indigence est donc si grande ! »

Il leva les yeux et reconnut ses vieux amis, Néant-originel et Vide-naturel. Il les mit au courant de ses malheurs et de ses misères, mais ils rétorquèrent :

« Ne vous faites nul souci ! »

Alors ils l'entraînèrent vers leur demeure, située sur le mont de la Muraille-Verte : les murs en étaient élevés et les édifices magnifiques, avec des cours profondes et des appartements retirés ; plusieurs suivantes étaient alignées à leurs côtés pour les servir. Sur de petites tables d'offrandes et dans des vases de bois, il y avait les mets les plus rares de la terre et de la mer ; enfin, il y avait chants et danses en surabondance.

Les deux taoïstes s'entretinrent du passé avec Wei, et ils avaient l'air heureux comme toujours. Aussi leur demanda-t-il comment ils avaient fait pour passer à travers les troubles, et ils répondirent :

« Après avoir quitté les Grues-Jaunes, nous sommes allés aux détroits du Buffle-Jaune puis, après être restés longuement cachés à la Muraille-Verte, nous avons soudain rencontré Ruan Ji aux-yeux-verts ; il nous a grandement réjouis et réconfortés, chose quasiment indescriptible. Ce qui nous a affligés, c'est que nous, hommes au cœur vaillant, ayons perdu toute ardeur, et qu'aucune entreprise ne réussisse : en ce monde, le temps passe vite, et nous errons comme tiges de lentille d'eau ! Aussi vivons-nous solitaires en ces lieux, sans rien faire — ce qui, devant un ami, nous rend tout honteux ! »

Après quoi ils se mirent à boire en sa compagnie au-delà de toute mesure et, mis en verve par le vin, ils s'exaltèrent, les sujets de conversation ou les projets leur venant en foule. Néant-originel prit la parole :

« Dans les affaires de ce monde, dit-il, le tout est de *zhiji*, reconnaître les signes avant-coureurs : ces signes sont le début infinitésimal des événements, ce par quoi on peut prévoir le faste et le néfaste. Le *Livre des Mutations* dit :

“ Reconnaître les symptômes, est-ce surnaturel ? ” Et il dit aussi : “ L'homme de qualité voit les symptômes et agit, il n'attend pas que le jour soit fini ! ” Et le Maître Zisi a dit : “ L'homme de qualité discerne l'imperceptible. ” Dans tous ces exemples, c'est de cela qu'il s'agit. Depuis l'Antiquité jusqu'à nos jours, les personnages héroïques n'ont pas manqué, mais est-ce qu'il y en a eu plus d'une poignée qui percevait les signes avant-coureurs ? Pour ma part, je trouve, sous les Han, Zhang Zifang. Sa carrière est relatée dans les histoires et les annales, et il serait superflu d'y revenir ; mais pourquoi ne pas discuter ensemble de ces signes avant-coureurs ? Car parmi les ministres de l'ancêtre fondateur des Han, il n'y eut pas plus capables que les trois héros, et Zifang fut le plus éminent de tous, le héros des héros ! Xiang Yu eut beau être supérieur à Gaozu, il fut anéanti par Gaozu, et ce, à cause des plans de Zifang ! Cela montre que Zifang n'était pas seulement le plus grand des trois, le héros des héros, mais encore qu'il était plus fort que Gaozu et Xiang Yu. En outre, la considération que Gaozu accordait à ces trois hommes, en les tenant pour extraordinaires, portait en elle-même le germe de la jalousie : et cela, Zifang le savait, tandis que Xiao He et Han Xin, eux, ne le savaient pas : c'est ce qui leur a valu de mourir en subissant l'un l'opprobre de la prison, l'autre le désastre d'une lignée anéantie, tandis que Zifang survivait paisiblement sans être inquiété. Car le malheur ne se situait pas dans la journée du malheur, mais dans l'époque où Gaozu considérait les trois hommes comme des héros ! Tant que l'empire sous le ciel n'était pas encore stabilisé, Zifang était infiniment prodigieux ; l'empire une fois stabilisé, Zifang se retira comme s'il eût été idiot, reçut un fief et se choisit un petit district, puis ne fut jamais le premier à engager la conversation.

Ô combien immense son art de connaître les signes avant-coureurs ! En vérité, c'est là ce qu'on appelle un grand caractère ! »

Vide-naturel continua :

« Pour moi, c'est sous les Song que j'ai trouvé un homme, qui se nommait Chen Tunan. Pendant les Cinq Dynasties, il y eut des troubles comme on n'en avait jamais vu auparavant, et si des héros éminents ne s'étaient pas dressés pour les réprimer, quand ces désordres eussent-ils pris fin ? Tunan, lui, guettait et voyait les signes avant-coureurs des événements, et avait le dessein d'une grande entreprise. Il allait et venait entre la région Dans-les-Passes et Luoyang, et ce n'était certes pas pour le plaisir d'errer à l'aventure. Lorsqu'il entendit dire que l'ancêtre Zhao Kuangyin montait sur le trône, il partit d'un tel rire qu'il tomba de son âne ! Et c'est pour cela qu'il avait dit : " Celui qui est du signe du Cochon porte d'ores et déjà la robe jaune impériale ! " Si on examine les simples mots " d'ores et déjà ", on voit qu'il avait tout prévu. Après cela, quittant le monde en secouant ses manches, il retourna à ses montagnes pour s'en aller vivre en ermite parmi les nuages blancs, les fleurs sauvages et les chants d'oiseaux, comme dans un paysage printanier : retiré qu'il était et établi sur les cimes, on ne trouva pas sa trace. C'est là ce qui s'appelle héberger la suprême habileté dans l'extrême stupidité, dissimuler l'intelligence parfaite dans le comble de l'imbécillité. Dans toute la Chine, la postérité l'a connu pour un Immortel, mais rien de plus ! Tout ce qu'elle a su de lui, c'est que c'était un ermite, rien de plus ! Qui donc a pu entrevoir son insondable profondeur ? Comparé à Zifang, Tunan n'est pas inférieur, mais le dépasse ! D'ailleurs, on dit bien qu'un héros qui tourne la tête [et change de conduite] devient sur-le-champ un Immortel : n'est-ce pas digne de croyance ? »

Junmei dit :

« Messires, vous cultivez votre nature essentielle dans une montagne célèbre, vous faites fi de la fortune et du rang comme d'autant de poussière ; or dans ces thèses de haut vol que je viens d'entendre, vous ne vous montrez pas encore en mesure de laisser de côté tout attachement. Est-il pensable que cela ne compromette pas la pratique de la perfection ? »

Les deux taoïstes éclatèrent de rire et rétorquèrent :

« Messire Wei, d'ordinaire vos considérations étaient étonnamment élevées : aujourd'hui, comment se fait-il que votre tact soit si étonnamment mince ? Sachez que la quête d'un gagne-pain entre les lignes des grimoires, le rabâchage et le ronron des Classiques, ce sont " la terre et la paille ", le détritus des confucéens ! Les techniques pour se nourrir de souffle, les contorsions d'ours et d'oiseaux pour guider la respiration, ce sont les déchets, le rebut des Immortels taoïstes ! Ce que nous appelons, nous, s'exercer à la pratique de la perfection, est à mille lieues de tout ce fatras ! »

Alors ils emmenèrent Junmei faire le tour de leur demeure : elle regorgeait de brocarts et de soies damassées, les ors et les jades s'amoncelaient, et tout était tenu par des servantes ravissantes. Finalement, ils parvinrent à une caverne dans la montagne, où se trouvaient une centaine de crânes, que les taoïstes désignèrent en disant :

« Ce furent en ce monde des hommes sans honneur, que nous avons capturés et exécutés ! »

Junmei fut si stupéfait qu'il tira la langue hors du gosier et mit longtemps à pouvoir la rentrer !

Le lendemain, il y eut un somptueux banquet en l'honneur de Junmei, auquel deux beautés offrirent dix plats d'ivoire remplis de perles, ainsi que cent onces d'or, comme cadeau de longévité. N'osant pas refuser les présents, il se borna à murmurer « oui ! oui ! » et à remercier docilement. Après quoi on trinqua ferme jusqu'à l'ivresse complète.

Néant-originel improvisa ce poème :

Héros de ce bas monde, génies de cette terre,
Passes, fleuves : sans fin la guerre et sa poussière !
La grue du Liaodong en vain a babillé,
C'est à bâtir des tours que l'or est gaspillé.
Devenus éternels regrets, les grands desseins :
Fragments à la postérité, pour son chagrin.
L'armada de Cao Cao, au vent d'est déchaîné,
Par Zhou Yu incendiée, est cendre et calcinée !

Vide-naturel enchaîna sur le même mode :

Héros qui dans le regret des rois s'est usé,
Sa rage, dressant cheveux et calotte, a fusé !
Devant lui, rien que des justiciers, des vengeurs,
Dans son dos, qui parle de déclin ou grandeur ?
Qui tua le serpent en chemin trépassa ;
Fini, qui sur cheval d'argile fleuve passa.
Pitoyable royaume que la Plaine centrale,
Où tigres et dragons se font guerre infernale !

Etant donné que leurs poèmes étaient de ce ton, on peut imaginer quels personnages ils étaient !

Junmei était conscient de ne pouvoir les surpasser sur le terrain poétique : il composa donc un couplet de félicitation sur l'air *Le loriot déplace son nid*, puis, levant sa coupe, il rendit grâces à ses hôtes et les paya de retour en psalmodiant le poème à chanter que voici :

Le Ciel et la Terre, eux, sont toujours comme hier,
Sur le passé on verse des larmes amères;
Les grands talents vivent délaissés, affligés...
Le paysage est autre, tous les gens ont changé,
Et ce ne sont plus les remparts des anciens temps.
Les affaires du monde? Un jeu d'échecs, vraiment :
C'est en cours de partie qu'on sent l'encerclement!
Victoires et défaites ne durent qu'un instant,
Et sont fugaces comme un songe de printemps :
Alors, à quoi bon les effrois, les tourments?

Rencontre fortuite en un lieu solitaire,
On trinque dans la nuit limpide aux astres clairs.
La question des braves est comme en rêve abordée :
Tout émoussées, pointes d'épées, lames ornées!
Scrutez les changements des nuages vagabonds :
Le plus fort, le plus faible, vaine interrogation!
Il y a bien de quoi soupirer d'affliction :
Lamentable retour de la grue du Liaodong!

Le lendemain, Junmei leur demanda la permission de s'en retourner. Les deux taoïstes lui dirent :

« Sous les Tang, il y eut Fil-rouge... Maintenant, il y a Fil-vert, qui vous raccompagnera. »

Et voici venir une charmante jeune fille, qui pouvait avoir seize ou dix-sept ans; elle portait sur le dos une boîte de bambou et, à la suite des deux taoïstes, elle reconduisit Junmei sur la route de la Muraille-Verte.

Alors les deux hommes regardèrent Junmei en disant : « Qui sait quand nous nous reverrons ? Nous allons donc, si vous le voulez bien, exécuter une danse ! »

Fil-vert ouvrit la boîte, et ils en sortirent quatre boules blanches de la taille d'un œuf de poule : or, c'étaient des sabres mâles et femelles ! Les deux taoïstes les prirent, les brandirent, les firent voltiger et danser — et en un instant ciel et terre s'enténébrèrent, vents et nuages s'amassèrent, et parmi des tourbillons de poussière on ne perçut plus que d'aveuglants éclairs qui à la ronde se succédèrent et s'enchaînèrent !

Junmei, frissonnant de terreur, restait cloué sur place. Il se retourna en direction de la demeure, mais il n'y avait plus que des falaises abruptes et des précipices vertigineux, et pas la moindre route ! Junmei, incapable de respirer et de fermer les yeux, avait l'impression constante d'avoir le tranchant d'une lame sur la nuque, et se sentait près de défaillir !

Lorsque la danse fut terminée, les deux taoïstes avaient disparu. Seule Fil-vert se trouvait encore auprès de Junmei ; elle renversa un sac de cuir, en sortit du vin, et ils burent ensemble. Quand vint la nuit, elle prit Junmei par la main et l'emmena vers le sud-est ; puis, aux environs de la troisième veille, ils arrivèrent à une maison. Tout ce que Junmei put voir, ce furent de l'or et des perles sur le lit — mais pour ce qui est de Fil-vert, elle avait disparu depuis belle heurette, et jamais il ne parvint à savoir par quelle magie tout cela avait eu lieu !

En l'an 1387 de l'ère Hongwu, un gendre de Junmei, Shan Gongxian, fonctionnaire du Trésor, raconta un jour une aventure de son beau-père qui coïncidait exactement avec cette histoire.

Bijou

Qiongnu — Bijou —, de son nom de famille Wang, et de son prénom social Runzhen, était originaire de Changshan [au Zhejiang]. Quand elle avait deux ans, son père mourut et sa mère, née Tong, l'emmena avec elle lorsqu'elle se remaria avec un riche personnage, nommé Shen Bigui. Shen, qui n'avait pas d'enfant, aimait Bijou plus que si elle eût été sa propre fille.

A l'âge de treize ans, Bijou était déjà très cultivée et experte à la composition de chansons et de poèmes à chanter, et connaissait, par surcroît, fort bien la musique ; enfin, dans les quatre domaines de la pureté des mœurs, du beau langage, du maintien et de l'habileté, elle ne laissait rien à désirer, et partout à la ronde les prétendants rivalisaient pour obtenir sa main.

A l'époque, il y avait deux prétendants particulièrement empressés, nommés Xu Congdao et Liu Junyu. Xu était le descendant d'une haute lignée, pauvre et incorruptible, alors que Liu était un roturier qui avait soudain fait fortune. Le fils de Xu s'appelait Tiaolang, celui de Liu, Hanlao ; tous deux étaient parfaitement élégants et distingués, et de plus, ils avaient le même âge que Bijou.

Shen Bigui songeait à donner sa fille à Liu, mais la basse

origine de ce dernier le faisait réfléchir ; d'autre part, la donner à Xu suscitait aussitôt des soucis, à cause de la grande pauvreté de cette famille ! Aussi hésitait-il, ne sachant quel parti choisir. Un jour, il prit conseil d'un membre fort avisé de son clan, et celui-ci lui proposa un plan :

« Ta seule préoccupation doit être de faire choix d'un gendre de valeur ; tout le reste est sans importance !

— Certes, dit Shen, mais comment déterminer que c'est un garçon de valeur ?

— Rien de plus facile ! Tu n'as qu'à donner un grand banquet où tu inviteras spécialement les deux jeunes gens ; tu convieras aussi des anciens qui aient du discernement et qui auront pour tâche de les observer en secret. Ainsi, primo ils jaugeront leur caractère et leur personnalité, secundo ils les mettront à l'épreuve pour déceler leur talent littéraire et leur culture. Tu choisiras le meilleur pour lui donner ta fille : et voilà comment on choisit un gendre ! »

Shen trouva le procédé très raisonnable.

A la deuxième lune, le quinzième jour, Shen donna le banquet, auquel il convia tous les notables et célébrités de la région ; ils s'y rendirent au complet, et Junyu et Congdao vinrent bien entendu aussi, accompagnés de leurs fils.

Le jeune Hanlao parfaitement vêtu, se montra d'une grande politesse et douceur de manières, mais dans son comportement en société ne laissa pas, cependant, de paraître quelque peu gêné aux entournures. Tiaolang, lui, dont le visage était ouvert et gracieux, dont la conversation et les propos étaient choisis et raffinés, était coiffé et vêtu avec la plus grande simplicité et se comportait le plus naturellement du monde.

Il y avait parmi les convives un nommé Gengyun,

« Laboure-nuages », qui était le doyen du clan Shen et surnommé Zhiren, « Connaisseur-d'hommes » ; dès qu'il eut vu les deux jeunes gens, il discerna d'emblée, en son for intérieur, lequel des deux était le meilleur. Aussi déclara-t-il à tout le monde :

« Mon neveu Bigui a une fille d'âge nubile, et les sieurs Xu et Liu désirent la demander en mariage pour leurs fils, qui sont tous deux des garçons également accomplis. Il reste maintenant à savoir auquel des deux la fille est vouée, par affinité prédestinée. »

Shen se leva pour répondre :

« Voilà une question qui ne saurait être mieux résolue qu'en nous en remettant à vous, cher doyen ! »

Gengyun continua :

« Les Anciens recouraient au tir à l'arc, au fil de soie, au siège improvisé, et cetera, pour se choisir un gendre. J'userai, moi, d'une autre méthode. »

Il appela les deux garçons devant lui et leur montra quatre peintures qui étaient accrochées au mur et intitulées :

Etre féru de fleurs printanières et se lever tôt,
Aimer les nuits de lune et se coucher tard,
Cueillir le reflet de la lune sur l'eau,
Jouer avec les fleurs et s'imprégner de leur parfum.

« Jeunes gens, dit-il, exprimez quelque peu vos géniales idées, et essayez d'improviser une composition sur ces thèmes ! Ce sera le critère du choix ou du refus ! »

Malheureusement pour lui, Hanlao, qui était né et avait grandi dans une famille de richards, n'avait guère montré de zèle dans sa pratique de la poésie et de la calligraphie, et devant cette mise en demeure, il resta stupide puis, malgré un long temps de réflexion, n'arriva à rien. Tiaolang, en revanche, prit tranquillement son pinceau et en un moment eut fini ses poèmes, qu'il présenta respectueusement au doyen. Gengyun ne tarit pas d'éloges...

Junyu, voyant que son fils n'avait pas réussi à aligner trois mots, fut couvert de honte ; le père et le fils quittèrent la table et s'éclipsèrent avant la fin de la fête.

Le reste de l'assemblée fut unanime à proclamer que Tiaolang était le meilleur, et du même coup, son engagement de mariage avec Bijou se trouva scellé.

Un mois plus tard, on choisit un jour faste pour l'envoi des présents de fiançailles. Après cela, Shen, qui aimait beaucoup son futur gendre, et qui voulait recevoir fréquemment sa visite, lui offrit un logement dans sa demeure, afin qu'il pût poursuivre ses études.

Un jour que la dame Tong était légèrement malade, Tiaolang, étant entré prendre des nouvelles de sa santé, tomba justement sur Bijou, qui était en train de donner une potion à sa mère ; la jeune fille n'avâit nullement prévu l'irruption de Tiaolang et n'eut pas le temps de se détourner pour l'éviter : et Tiaolang put voir sa fiancée face à face devant le lit de la mère. Il la considéra et constata qu'elle était d'une extraordinaire beauté. Il sortit, tout ravi pardevers soi, puis scella un billet de papier rouge qu'il fit porter par une servante à Bijou.

Elle l'ouvrit, mais n'y trouva pas un mot ! Elle éclata de rire et répondit par un poème :

Reflet de mon visage, ce billet cramoisi !
Quoi ? le garçon de jade serait donc si épris ?
Des jolies phrases, un amoureux en a toujours,
Mais lui, au lieu d'écrire : « Je t'aime », reste court !

Tiaolang emporta ce poème et s'en servit pour fanfaronner devant Hanlao. Ce dernier, qui avait conçu une violente jalousie envers son heureux rival, conta la chose à son père Junyu. Celui-ci à son tour, au lieu de s'en prendre à son fils d'avoir été trop paresseux pour étudier, se mit, grinçant des dents, à haïr jusqu'aux moelles les Xu et les Shen. Sans tarder, il forgea contre eux une accusation calomnieuse. Comme ils n'étaient pas parvenus à se disculper, toute la maisonnée de Xu fut envoyée au bagne dans l'extrême nord, à Liaoyang, tandis que la famille entière de Shen était déportée à la garde des Marches des provinces méridionales !

Au moment des adieux, les fiancés durent se quitter, l'âme navrée, sans même pouvoir se parler, et tous ceux qui assistèrent à la scène en eurent les larmes aux yeux. Après cela ils furent séparés, lui au nord, elle au sud, et sans nouvelles l'un de l'autre.

Peu après, Shen Bigui mourut subitement, et les affaires de sa famille déclinèrent : seules survécurent la dame Tong et sa fille, qui vivotaient chichement dans une hutte de chaume, en vendant du vin au bord d'une route. En raison des malheurs et de la misère, Bijou n'avait plus son éblouissant éclat de naguère mais, dans la fleur de sa jeunesse, sa beauté demeurait quand même hors du commun.

Elle plaisait à certain commandant militaire provincial nommé Wu, qui voulait l'épouser pour en faire sa concubine ; mais la dame Tong avait décliné en alléguant le fait que Bijou était déjà fiancée. Wu, qui connaissait son histoire, envoya une entremetteuse plaider sa cause et dire :

« Le jeune Xu est en garnison au Liaodong, et nul ne sait s'il est mort ou vivant ; quand bien même il ne lui serait rien arrivé de fâcheux, comment pourrait-il jamais venir ici et se marier ? Au lieu de garder stupidement de vains espoirs, et de gâcher des mois et des années précieux, mieux vaudrait venir dans une haute famille, la mienne, où vous auriez toutes les deux, mère et fille, tout ce qu'il faut. De la sorte, vous ne passeriez pas votre vie en vain ! »

Mais Bijou s'obstina dans son refus. Wu envoya de nouveau comme intermédiaire une vieille femme, qui fit pression sur la mère et la fille par le biais des autorités. La dame Tong prit peur et tint conseil avec Bijou :

« Depuis que le jeune Xu est parti, dit-elle, cinq années ont passé ; l'un est au bout du monde, l'autre à la fin du ciel : “ le poisson est noyé et l'oie sauvage a disparu ”, comme on dit. C'est véritablement ce qu'on appelle une situation où l'homme est aux mers du nord, la femme abandonnée aux mers du sud, et où l'étalon et le taureau ne peuvent rejoindre la jument et la vache !... Cet homme influent qui a jeté les yeux sur toi veut maintenant essayer de te contraindre, et toutes deux, une orpheline et une veuve, par quel artifice pourrons-nous jamais lui résister ? »

Bijou répondit en pleurant :

« Si la famille Xu a été victime du malheur, c'est en fait à cause de moi. Et si maintenant je me retirais pour suivre quelqu'un d'autre, ce serait tourner le dos à notre engagement, et pure déloyauté. Or ce qui distingue l'homme des brutes et des bêtes sauvages, c'est qu'il possède la sincérité et la fidélité. Rejeter un ancien lien pour en nouer un nouveau, c'est manquer à la sincérité et à la loyauté, et qui manque à la sincérité et à la loyauté ne vaut pas mieux qu'un chien ou un porc ! Je mourrai donc, tout simplement, plutôt que de m'abaisser ainsi. »

Après quoi elle composa un poème sur l'air *Du parfum plein la maison* puis, cette nuit-là, elle se pendit dans sa chambre. Mais sa mère soupçonna quelque chose et vint la détacher ; il lui fallut cependant beaucoup de temps pour la ranimer.

Le commandant Wu, apprenant la nouvelle, entra dans une grande colère. Il envoya des sbires dans la boutique pour mettre en pièces bouteilles et flacons puis chasser les deux femmes, car il voulait briser leur obstination en les réduisant à la misère.

A l'époque, il y avait un vieux commissaire de relais de poste, nommé Du, qui était lui aussi originaire de Changshan, et avec qui Shen Bigui, de son vivant, avait été lié d'amitié. Il prit pitié de la dame Tong et de sa fille dans l'indigence, et leur prêta une pièce de la galerie latérale du relais, où il les hébergea.

Un jour, il y eut parmi les voyageurs de passage trois ou quatre gardes des frontières en uniforme, qui descendirent au relais de poste. Le sieur Du leur demanda d'où ils venaient. L'un d'eux répondit :

« Nous faisons partie de la compagnie de telle garnison du Liaodong, et nous sommes envoyés en mission vers les provinces du sud pour aller chercher des troupes. Nous voudrions faire halte ici pour la nuit. »

Il se trouva que la dame Tong, debout derrière le rideau, remarqua qu'un des jeunes gens, aux manières nobles et distinguées, ne ressemblait nullement aux autres soldats. Au cours de plusieurs allées et venues dans la salle, elle le considéra attentivement et fut touchée par l'expression de tristesse douloureuse qu'elle lut sur son visage. Dans son émotion, elle vint finalement lui demander :

« Qui es-tu ?

— Je m'appelle Tiaolang, dit-il, mon nom de famille est Xu, je suis originaire de Changshan au Zhejiang. Dans ma jeunesse, mon père m'avait fiancé à la fille d'un certain Shen Bigui, de la même ville, mais avant que nous soyons mariés, nos deux familles ont été impliquées dans une mauvaise affaire, Shen a été envoyé dans les provinces du sud, et moi à la garde des Marches du nord. Voilà plusieurs années que nous sommes sans nouvelles les uns des autres. Tout à l'heure, en arrivant fourbu à ce relais, quand je vous ai vue, ma bonne dame, j'ai été frappé par votre ressemblance avec celle qui devait être ma belle-mère, et c'est pourquoi, sans m'en rendre compte, j'ai été pris de chagrin. Il n'y a pas d'autre raison. »

La dame Tong répondit :

« Et la famille Shen, où se trouve-t-elle actuellement ? Et la fille, comment s'appelait-elle ?

— La fille s'appelait Bijou, de son prénom social Runzhen. Quand elle a été fiancée, elle avait juste treize ans, et par conséquent elle doit maintenant avoir dix-huit ans. Mais j'ai oublié dans quelle commanderie et préfecture ses parents habitent, et il m'est impossible de la retrouver. »

La dame Tong alla raconter cela à Bijou, qui s'écria :

« S'il en est ainsi, c'est le Ciel qui l'envoie ! »

Le lendemain, la dame Tong appela le jeune homme dans sa pièce et l'interrogea en détail : c'était bel et bien le jeune Tiaolang ! Il avait d'ailleurs pris maintenant le surnom de Zilan, mais n'était toujours pas marié. La dame Tong éclata en sanglots et dit :

« Je suis ta belle-mère ! Ton beau-père est mort, et toutes deux, moi et ma fille, nous avons échoué ici, échappant à dix mille morts pour conserver une vague existence, et jamais je n'aurais cru possible de te revoir aujourd'hui ! »

Alors elle raconta toute cette histoire au sieur Du et à un des camarades de Tiaolang, et tous restèrent cloués de stupeur, mais furent d'avis que les deux jeunes gens étaient liés par des affinités dues à une précédente existence.

Le sieur Du réunit une somme d'argent et prépara la cérémonie de mariage de Xu et de Bijou.

Le soir des noces, même le bonheur ne l'emportait pas sur la détresse, et Bijou confia son angoisse à Tiaolang, car elle ne supportait pas l'idée d'une nouvelle séparation possible. Aussi récita-t-elle les vers du poème de Du Fu intitulé *Au village Qiang* :

Je tiens encore la chandelle, la nuit s'efface,
Et comme en songe nous voici face à face...

« Voilà des vers qui décrivent les sentiments de ce jour ! »

Tiaolang la consola et lui remontra instamment qu'il ne fallait pas se faire de souci, puisqu'ils étaient unis par un amour extrême, et qu'elle n'avait qu'à attendre l'année suivante : alors, il l'emmènerait avec lui au Liaodong, ils seraient heureux comme des poissons dans l'eau, et il la protégerait toujours et toujours !

Or il y avait parmi les camarades de Tiaolang un brigadier nommé Ding, qui était un homme loyal et généreux, et qui lui dit :

« Tu es jeune marié, tu ne vas pas d'emblée quitter ta femme ! Ce voyage que nous devons faire, il n'est pas nécessaire que tu y participes : nous nous chargerons de remettre les documents à chaque préfecture. Alors, reste tranquillement chez toi et occupe-toi de ta femme. Quand nous aurons accompli la mission, tu retourneras avec nous au Liaodong. »

Tiao offrit un banquet d'adieu arrosé d'arak, puis tous les autres se mirent en route.

Ils avaient compté sans le commandant Wu ! Ce dernier, informé de tout cela, fit arrêter et jeter au cachot Tiaolang, sous prétexte de désertion. Puis il le fit bâtonner à mort et cacha son cadavre dans un four.

Ensuite, il chargea une entremetteuse d'aller terroriser la dame Tong en lui disant :

« Maintenant que l'autre est mort, cela n'a plus de sens de penser à lui ! Je m'en vais choisir un jour propice, et j'enverrai un palanquin chercher ta fille. Si tu n'obtempères pas, sois sûre qu'il vous en cuira ! »

Comme l'entremetteuse pressait la dame Tong de répondre avec obéissance à cette injonction, Bijou poussa sa mère à dire oui, puis, une fois l'intermédiaire partie, elle lui dit :

« Si je ne meurs pas, je serai inéluctablement victime de cette brute qui me déshonorera. Je vais attendre la nuit pour en finir ! »

La dame Tong, elle aussi, était complètement désemparée.

Ce soir-là, voici soudain que Son Excellence Fu, censeur-vérificateur impérial, arriva au relais ; et Bijou de clamer au ciel :

« Vengeance pour l'injustice faite à mon mari ! »

Après quoi, elle porta plainte et demanda justice.

Le censeur s'occupa aussitôt de l'affaire et en informa les autorités. Deux mois plus tard, elles demandèrent qu'on mît en marche une procédure et fit une enquête... mais on ne parvenait toujours pas à trouver le cadavre de la victime !

Tandis que les interrogatoires se poursuivaient, on vit tout à coup un tourbillon se lever devant le tribunal. Le censeur fit cette invocation :

« L'âme du défunt sait la vérité, qu'elle me guide où il faut ! »

Après cela, le tourbillon changea de direction, vint se placer devant la tête de la monture du censeur, puis l'emmena en filant d'une traite jusque devant le four, fit voltiger les cendres, et apparaître le cadavre !

Le censeur fit procéder aux constats par les préposés : les traces de blessures étaient patentes, et Wu confessa son crime. Le censeur ordonna aux autorités de la préfecture d'inhumer Tiaolang au-delà des remparts extérieurs. Bijou suivit les funérailles en pleurant, puis se jeta dans un étang voisin de la tombe.

On donna l'ordre de l'enterrer. Le censeur relata ces faits à la Cour, où Sa Majesté ordonna au ministère des Rites de faire placer sur la tombe une plaque honorifique portant l'inscription :

TOMBE D'UNE ÉPOUSE VERTUEUSE ET FIDÈLE

Quant à la dame Tong, elle reçut dès lors des autorités vivres et vêtements, et bénéficia de ce soutien jusqu'à sa mort.

Charmante

Huang Xing était gardien du relais de poste de Xinzheng [au Henan]. Etant sorti par hasard, il revint à la nuit et, fatigué, fit halte dans un bois pour se reposer. Alors, il avisa une renarde qui se coiffait d'un crâne humain, se prosternait en direction de la lune, puis se muait soudain en une jeune fille âgée de quinze ou seize ans, d'une exceptionnelle beauté, qui se mit à pleurer sur la route de Xinzheng, où elle s'engagea tout en larmes ! Xing la suivit sans la perdre de vue, et la jeune renarde, qui ne se doutait pas que Xing l'avait épiée pendant sa métamorphose, prit à dessein les attitudes les plus gracieuses.

Cependant Xing se disait par-devers soi :

« Voici une marchandise extraordinaire, un trésor à mettre sous le boisseau ! »

Alors il l'aborda en demandant :

« Qui donc êtes-vous, damoiselle, pour oser vous aventurer toute seule sur cette route au cœur de la nuit ?

— Votre servante, répondit-elle, est native de Hangzhou et s'appelle Hu, prénommée Charmante. Mon père venait d'être muté comme fonctionnaire au Shaanxi quand il est tombé sur des brigands, établis au village voisin. Mon père, ma mère et mes frères ont tous été mis à mort par les brigands, qui ont emporté tout ce que nous avions comme objets de valeur. Seule votre servante a pu se tapir dans les hautes herbes, et avoir ici la vie sauve. Présentement, orpheline et sans le moindre appui en ce monde, il ne me reste plus qu'à me jeter à l'eau pour mourir ; c'est pour cette raison que je pleurais.

— Bien que ma maison soit pauvre et grossière, repartit Xing, par bonheur elle ne manque pas de bouillie épaisse ou de brouet clair. Mon humble épouse, par surcroît, est une femme simple et bonne, qui ne fera nulle difficulté pour vous accueillir. Mais vous est-il possible de demeurer chez moi ? »

La belle, retenant ses larmes, se prosterna pour remercier et dit :

« Généreux grand frère, si vous avez pitié de moi, ce sera vraiment comme si des parents me redonnaient une nouvelle vie ! »

Elle suivit donc Xing jusque chez lui, où elle fit à son épouse un récit identique. La femme de Xing, voyant que la jeune fille était gracieuse et obéissante, la regarda elle aussi d'un bon œil ; mais finalement, Xing ne souffla mot de ce qu'il avait vu.

A cette époque, un lettré reçu aux examens de doctorat, Xiao Yu, originaire des Huit-Régions de Min [Fujian], avait été nouvellement nommé assistant du préfet à Yaozhou au Shaanxi. Passant par Xinzheng et se trouvant être un cousin du grand préfet local Peng Zhihe, il rendit visite à ce dernier, qui le fit héberger dans le relais des fonctionnaires. Là, ce fut Huang Xing qui le servit ; il s'aperçut que Xiao Yu était jeune, qu'il se comportait à maintes reprises en individu licencieux et sans moralité, et qu'enfin il avait une grande fortune dans ses bagages. Aussi dit-il à son épouse :

« Je crois que nous allons pouvoir échapper à ce métier de misère ! »

Alors, afin d'émoustiller Xiao Yu, il envoya plusieurs fois Charmante puiser de l'eau au puits et fit en sorte que Xiao Yu la vît. Effectivement, le jeune lettré fut séduit par sa beauté et demanda aussitôt à la prendre comme concubine.

Xing lui dit :

« Si messire désire à tout prix épouser ma fille, ce ne sera faisable qu'à condition d'offrir dix fois les présents de fiançailles habituels ! »

Xiao Yu n'était pas avare : il versa la somme, conclut l'affaire et partit rejoindre son poste en emmenant la belle.

Charmante était fort intelligente de nature, et d'un tempérament doux et docile ; depuis l'épouse du préfet jusqu'aux femmes de tous les collègues de son mari, elle fit présent à chacune de ces dames d'une pièce de mousseline de soie verte, ainsi que de dix doses de fard. Elle se montrait serviable envers les gens âgés, caressante envers les petits, et tout le monde était l'objet de ses aimables attentions. Aussi ne tarda-t-on pas à chanter partout ses louanges, et les gens ne tarirent plus d'éloges à son propos.

Lorsqu'il y avait des invités, sans que Xiao Yu eût besoin de l'ordonner, tous les mets et boissons apparaissaient sur simple demande, et tout était toujours dosé comme il le fallait. Pendant ses loisirs, Charmante s'adonnait en personne à des travaux de tissage et dévidait elle-même les cocons des vers à soie ; elle restait au fond des appartements privés sans jamais mettre le pied dehors. Quand Xiao Yu se trouvait devant un cas épineux, il lui demandait régulièrement son avis : elle lui faisait des analyses et des explications minutieuses, et lui démêlait les intrigues les plus embrouillées !

Xiao Yu n'en revenait pas d'avoir trouvé pareille femme et, parmi ses collègues, tout le monde était persuadé qu'elle était un modèle d'épouse vertueuse.

Peu de temps après, le gouverneur provincial, informé des capacités de Xiao Yu, le chargea par décret d'activer la collecte des impôts en grains dans toutes les préfectures.

Charmante lui dit alors :

« Donne-toi du mal pour le yamen, mets tout ton cœur à servir l'empereur ; les minuscules responsabilités de la gestion domestique, ta servante est capable de les assumer. Tu dois, toi, prendre seulement le plus grand soin de ta précieuse personne, afin de t'efforcer de payer de retour une fraction infime de l'immense faveur impériale ! Mais ne t'impose pas de soucis à cause de ta famille. »

Xiao Yu inclina la tête en signe d'assentiment et la quitta.

Au cours de son voyage, il passa une nuit dans le temple du Double-Neuf. Là, un taoïste nommé Yin Zhanran, l'ayant aperçu, prit à part son subordonné Zhou Rong et lui dit :

« Votre supérieur est la proie de miasmes démoniaques extrêmement puissants ! Si on ne le soigne pas, il y a lieu de craindre pour sa vie ! »

Zhou Rong mit donc Xiao Yu en garde, mais ce dernier le rabroua sans ménagements :

« Qu'est-ce donc que cette fripouille de taoïste qui ose proférer pareilles incongruités ? »

A la fin de l'hiver de cette année-là, la collecte finie, il revint au bureau de sa préfecture.

Le temps passa et, vers la fin du printemps, Xiao Yu

tomba malade. Il avait la face émaciée, le teint cireux, le corps décharné et débilité ; il faisait tout de travers et ses gestes étaient saccadés et précipités. Ses collègues se chargèrent d'appeler des médecins qui lui firent prendre des remèdes, mais il n'y en eut pas un sur cent qui fît de l'effet, et personne n'avait la moindre idée de la cause de cette affection.

Or un jour, Zhou Rong se remémora soudain les propos du taoïste Yin Zhanran, et il en fit part au préfet.

Ce dernier interrogea Xiao Yu, qui avoua :

« C'est vrai ! »

Le préfet à son tour le dit à son collègue le vice-préfet Liu Shu :

« Messire Xiao est couché, malade, et tout le monde dit qu'il est victime d'un esprit malin. Nous autres, nous ne pouvons assister à cela les bras croisés !

— Dans ce cas, dit Liu Shu, il faudrait peut-être demander au taoïste Yin de le soigner. »

Le préfet prépara donc aussitôt une lettre et des présents qu'il fit porter par Zhou Rong au temple du Double-Neuf, pour inviter le taoïste. Celui-ci déclara :

« Il n'a pas voulu croire à mes mises en garde, et il en subit aujourd'hui la conséquence. Cependant, les taoïstes ayant pour tâche de secourir l'humanité, est-ce que je peux renâcler à faire un voyage ? »

Il revint donc en compagnie de Zhou Rong. Le préfet sortit lui faire accueil et le supplia de bien vouloir sauver Xiao de cette maladie. Le taoïste congédia tout le monde et confia en aparté au préfet :

« C'est une affaire qui m'est connue depuis longtemps. Car, figurez-vous, l'épouse qui habite sous son toit n'est autre qu'un vieil esprit démoniaque de renarde, de la porte

Nord de Xinzheng ! Il s'est métamorphosé en jeune femme et a déjà égaré bien des gens ! Si on ne l'éloigne pas d'urgence, il peut véritablement se produire des malheurs imprévisibles !

— Pourtant, dit le préfet effrayé, l'épouse de messire Xiao est l'objet de louanges unanimes ! Comment pouvez-vous avoir subitement pareille opinion ?

— Il suffira d'attendre demain pour en avoir la preuve ! » rétorqua le taoïste.

Alors il se rendit dans la grande salle privée du yamen de la préfecture, afin de préparer un autel de cérémonie.

Le lendemain à midi, le taoïste brandit son épée et rédigea des talismans, puis convoqua immédiatement les guerriers célestes.

En un instant, les trois généraux du Tonnerre, Deng, Xin et Zhang, se dressèrent devant l'autel. Le taoïste fit brûler l'encens et donna ses injonctions aux esprits :

« L'assistant de la préfecture Xiao Yu est ensorcelé par une renarde diabolique. Veuillez l'en débarrasser en l'anéantissant sans tarder ! »

Alors, levant son pinceau, il rédigea un édit qu'il remit aux généraux magiques. Ils le prirent et partirent...

Tout à coup, des nuées couleur de poix s'élevèrent, une pluie blanche tomba à verse ! Puis il y eut un coup de tonnerre : Charmante était déjà morte, foudroyée, à l'endroit du marché.

Les soldats du préfet et les collègues allèrent voir sur les lieux : c'était vraiment une renarde, et elle était encore coiffée d'un crâne humain !

Dans chaque famille, on s'empressa d'aller chercher les objets offerts par Charmante, afin de les examiner, et l'on s'aperçut que les coupons de mousseline étaient autant de feuilles de bananier, et les doses de fard, autant de pétales de fleurs de pêcher ! Quand on montra cela à Xiao Yu, il comprit enfin.

Le taoïste donna ordre de brûler le cadavre de la renarde, puis d'enterrer ses restes dans un lieu écarté, et de les écraser par une tablette de fer, afin de supprimer toute trace du démon ! Après quoi il prépara du cinabre, des ovaires de crabes femelles et de la cendre d'encens, pour les faire prendre au malade. Cela fait, secouant ses manches avec mauvaise humeur, il regagna sa montagne : sans retourner la tête et semblant à peine toucher le sol !

Une fois remis de sa maladie, Xiao Yu osa enfin confesser au préfet l'histoire de son mariage avec Charmante. On envoya quelqu'un à Xinzheng s'enquérir de Huang Xing, mais les gens dirent qu'il avait déménagé, fait fortune et abandonné son métier de gardien de relais ; cela, c'était assurément grâce aux riches présents de fiançailles qu'il y était parvenu. Ensuite seulement, il avait laissé entrevoir à quelqu'un la vérité sur le mariage avec la renarde.

L'homme chargé de prendre des informations revint et rapporta tout cela au préfet. Tout le monde, alors, fut convaincu de la faculté des renardes à abuser les gens, et du caractère surnaturel des pouvoirs magiques du taoïste.

L'écran aux hibiscus

L'an 1351 de l'ère Zhizheng, il y avait à Zhenzhou [au Jiangsu] un jeune homme appelé Cui Ying, dont la famille était immensément riche. En raison de l'ancienne influence de son père, il avait été nommé directeur de la police de la sous-préfecture de Yongjia, dans la préfecture de Wenzhou, au Zhejiang.

Il partit donc rejoindre son poste, emmenant son épouse, née Wang. Comme son itinéraire passait par le mont Chui de Suzhou, il fit amarrer son bateau pour une brève halte, acheta des sapèques de papier et du vin, et fit un sacrifice d'action de grâces dans le sanctuaire local. Quand ce fut fini, il revint à bord pour un petit banquet avec son épouse.

Cependant les nautoniers avaient remarqué que les pichets et les coupes étaient tous en or et en argent, ce qui leur donna soudain de funestes idées. Cette nuit-là, ils précipitèrent Cui Ying dans le fleuve, et tuèrent servantes et domestiques. Quant à la dame Wang, le chef lui dit :

« Est-ce que tu sais pourquoi nous ne te tuons pas ? C'est que mon deuxième fils n'est pas encore marié. A l'heure actuelle, il navigue vers Hangzhou, mais il reviendra dans un mois ou deux, et alors il te prendra pour femme. Aussi, sois tranquille, puisque tu es en somme de la famille, tu n'as pas à t'inquiéter ! »

Ayant ainsi parlé, il rafla tout ce que possédait la dame Wang, qu'il appela dès lors *xinfu*, « nouvelle bru » ! La dame Wang fit mine de consentir à ses projets, et s'efforça de se montrer bonne ménagère en s'acquittant de ses tâches avec tout le zèle possible. Quant au capitaine, il se réjouit en son for intérieur d'avoir trouvé une épouse pour son fils ; puis, avec le temps, il se familiarisa progressivement et relâcha sa surveillance.

Un bon mois passa, et ce fut la fête de la Mi-automne. Tout l'équipage fit un festin grandiosement arrosé, et ils burent jusqu'à être ivres à ne plus voir clair. La dame Wang attendit qu'ils fussent profondément endormis, puis sauta légèrement sur la rive et se sauva.

Au bout de deux ou trois lis, elle perdit son chemin et se retrouva au beau milieu des marécages, cernée par les roseaux et les sceaux-de-Salomon, entourée de zizanies et de massettes qui s'étendaient à perte de vue ! Par surcroît, la dame Wang était de haute famille, et ses menus pieds, fins et graciles, étaient trop fragiles pour endurer cette course dans les hautes herbes et les eaux. Mais d'autre part, elle redoutait d'être poursuivie et rejointe, et elle se remit à courir follement, avec l'énergie du désespoir.

Longtemps après, l'orient commença lentement à blanchir. Elle aperçut au loin, dans une forêt, des bâtiments, et se hâta d'aller dans cette direction pour s'y réfugier. Quand elle arriva aux portes, celles-ci étaient encore closes. Cependant, elle percevait vaguement des sons de cloches et de psalmodies bouddhiques, et peu après, on ouvrait la barrière d'enceinte : c'était un couvent de nonnes.

La dame Wang entra sans détour. La supérieure du

couvent lui demanda la raison de sa venue ; alors, n'osant avouer la vérité, elle lui fit cette réponse fallacieuse :

« Votre servante est originaire de Zhenzhou. Mon oncle, qui se rendait au Jiangzhe en voyage officiel, avait emmené toute sa famille avec lui. Or quand nous fûmes arrivés à son poste, mon mari mourut. Je vécus veuve plusieurs années durant, puis mon oncle me remaria, comme seconde épouse, au directeur de la police Wei, de Yongjia. Mais sa femme principale était acariâtre et cruelle, faisait des histoires pour tout, me battait et m'humiliait de toutes les façons possibles. Récemment, mon mari a été démis de sa charge, et son bateau a fait halte dans les parages : c'était la fête de la Mi-automne et on admirait la pleine lune. On m'a dit d'aller chercher une coupe d'or pour offrir à boire, et par malheur elle m'a échappé des mains et est tombée dans le fleuve : c'est une faute qui aurait inéluctablement été punie de mort, aussi ai-je préféré m'enfuir pour sauver ma vie, et je suis arrivée ici. »

La religieuse dit :

« Madame, puisque vous n'osez pas retourner à bord, et que vous êtes loin de votre patrie, si vous désirez chercher un nouveau mari, nous n'avons ici nulle bonne entremetteuse ! Alors, toute seule et malheureuse, où comptez-vous trouver refuge ? »

La dame Wang ne put que verser des larmes sans répondre.

La supérieure reprit :

« La vieille femme qui vous parle aurait bien un conseil à vous donner, mais ignore si vous seriez disposée à accepter sa suggestion ?

— Si ma Révérende trouvait un endroit où m'accueillir, même s'il fallait mourir, ce serait sans regret !

— Nous sommes ici en un lieu écarté, perdu parmi des rivages sauvages où nul ne s'aventure; nous avons les roseaux et les joncs pour voisins, les mouettes et les aigrettes pour amies. Par bonheur, je puis compter sur une ou deux camarades qui ont passé la cinquantaine, ainsi que sur plusieurs servantes, qui toutes sont probes et diligentes. Vous, madame, malgré votre jeunesse et votre beauté, que pouvez-vous contre un destin adverse et des temps difficiles? Si donc vous vouliez renoncer à l'amour et vous éloigner des passions, prendre conscience que l'existence n'est qu'illusion, vous vous vêtiriez de noir et couperiez votre chevelure, afin de renoncer au monde *hic et nunc*! Une estrade de méditation et des cierges au Bouddha, une collation matinale et un brouet vespéral, et votre temps pourrait se passer à vous mettre en accord avec votre destinée! Ne serait-ce pas mieux que d'être la concubine d'un homme, souffrant les ennuis et les misères de cette existence, et tissant la trame des rétributions dans une prochaine existence? »

La dame Wang se prosterna avec gratitude et répondit : « C'est en effet ce à quoi j'aspire! »

Alors, elle renonça à sa chevelure devant l'autel du Bouddha et reçut comme nom en la Loi *Huiyuan*, « Sagacité-parfaite ». Comme elle connaissait les signes d'écriture et savait lire, écrire et peindre à la perfection, il ne lui fallut que quelques mois pour posséder à fond tous les livres canoniques du bouddhisme, et la supérieure la traita avec le plus grand respect, n'entreprenant jamais une démarche, importante ou non, sans son assentiment, et n'osant rien faire sans prendre son conseil. Cela n'empêchait pas la dame Wang d'être tolérante et douce, et tellement bienveillante que tout le monde l'aimait. Chaque jour, elle faisait plus d'une centaine de prosternements devant Guanyin à-robe-blanche — à qui elle révélait en secret le tréfonds de son âme — et ne manquait jamais, même par les froidures mordantes ou les chaleurs accablantes, à ses dévotions ; quand elles étaient terminées, elle se retirait à l'écart, dans sa cellule, et il était bien rare que quelqu'un vît son visage.

Plus d'un an passa. Un jour, voici que soudain quelqu'un se présenta au couvent pour une visite d'agrément, y resta pour un repas maigre et repartit.

Mais le lendemain, la même personne revint apporter un rouleau de peinture représentant des hibiscus, à titre de donation au couvent. La supérieure l'étala sur un écran blanc. Quand la dame Wang vint le voir, elle reconnut la main de son époux Ying et demanda d'où venait cet objet.

« Un bienfaiteur nous en a récemment fait présent. »

La dame Wang reprit :

« Quel est le nom de ce bienfaiteur ? Où demeure-t-il actuellement ? Quelle est sa profession ?

— C'est un certain Gu Axiu de notre district, expliqua la supérieure. Lui et son frère sont mariniers de leur état. Depuis quelques années, leurs affaires prospèrent, mais bien des gens disent qu'ils pillent et brigandent parmi les lacs et les rivières, et j'ignore si cela est vrai.

— Viennent-ils souvent par ici ? demanda encore la dame Wang.

— Non, rarement ! » fut la réponse.

Alors la jeune femme grava silencieusement dans son esprit le rouleau peint, puis saisit un pinceau et y traça l'inscription que voici :

Jours galants de jeunesse, ô pinceau de Zhang Chang!
Peignant d'après nature, il ne vaut pas Huang Quan.
Ces hibiscus sont peints avec grâce et fraîcheur.
Qui donc aurait prédit qu'une beauté en fleur
Serait victime d'aussi révoltant malheur?
Toute poudrée, fardée, mais toute solitaire,
Comme si je n'étais qu'illusoire matière,
Qui m'aura en pitié sur ces terres étrangères?
Ecran, muet ami de dhyâna tari...
Toutes affinités de cette vie finies,
J'aspire à nouer les liens d'une neuve vie.

C'était un poème à chanter sur l'air *L'Immortel au bord du fleuve*... Mais aucune des nonnes ne comprit ce qu'il signifiait.

Un jour, un nommé Guo Qingchun, de la ville, arriva subitement au couvent pour certaine affaire. Lorsqu'il vit la peinture et l'inscription, il les trouva si parfaitement belles qu'il les acheta et les emporta chez lui pour en orner sa demeure.

Il se trouva que le censeur impérial Gao Nalin vivait dans la retraite à Gusu [Suzhou] ; il était grand acquéreur de calligraphies et de peintures, et Qingchun lui fit présent de l'écran aux hibiscus. Le censeur Gao plaça l'œuvre dans sa résidence privée, sans prendre le temps de demander davantage d'information.

Le hasard fit qu'il y eut soudain au-dehors quelqu'un qui vendait quatre rouleaux de calligraphie. Le censeur Gao se les fit apporter pour les examiner : leur style, apparenté à celui du bonze Huaisu, était d'une pureté et d'une vigueur peu communes.

« Qui a écrit cela ? demanda-t-il.

— C'est votre serviteur, qui s'exerce à la calligraphie », répondit l'inconnu.

Le censeur Gao le considéra : il n'avait point l'air d'un homme médiocre ! Il s'enquit donc de son lieu d'origine et de son identité. Le jeune homme, la mine affligée, fit cette réponse :

« Mon nom est Cui Ying, pour vous servir, mon prénom social, Junchen. Mes ancêtres habitent depuis des générations à Zhenzhou. Ayant été, grâce à l'influence de mon père, nommé par protection directeur de la police de Yongjia, je me rendais à mon poste en emmenant ma famille, mais comme je n'étais pas suffisamment sur mes gardes, j'ai été attaqué par des bateliers qui m'ont précipité dans les eaux. Tous mes biens et possessions, mes épouses et concubines, je ne les ai jamais revus. Par chance, étant habitué à l'eau depuis l'enfance, j'ai plongé et nagé sous les vagues jusqu'à bonne distance, je suis monté sur la rive et suis allé chercher asile chez un paysan, car j'étais trempé jusqu'aux os et sans la moindre monnaie sur moi. Je me suis confié à un vieillard au grand cœur, qui m'a donné des habits pour me changer, m'a offert à boire et à manger, et m'a fait cadeau d'un viatique avec ces recommandations : “ Puisque tu as été dépouillé par des bandits, tu vas en informer la justice, comme il se doit. Je n'ose donc te retenir davantage, de peur de me retrouver impliqué dans l'affaire. ” Je lui ai demandé la route à suivre pour aller à la ville, et j'ai porté plainte auprès du magistrat du circuit de Pingjiang. Voici maintenant un an que j'attends, et je n'ai pas obtenu l'ombre d'une nouvelle. J'en suis réduit à vivre, vaille que vaille, de mon pinceau ; je n'oserais prétendre appeler cela des calligraphies de valeur : je ne pensais pas que de méchants gribouillis pourraient avoir l'honneur d'être examinés par Votre Excellence ! »

En entendant ces propos, le censeur fut pris d'une profonde compassion et dit :

« Puisque vous êtes dans une telle situation, il n'y a rien à faire ! Je suis prêt à vous garder dans mon domaine de campagne, pour que vous enseigniez l'écriture à mes petits-enfants. Cela vous conviendrait-il ? »

Ying fut transporté de joie. Le censeur le convia à l'accompagner dans sa résidence privée, pour trinquer en sa compagnie. Soudain, Ying avisa les hibiscus qui faisaient écran à une pièce, et se mit à pleurer à chaudes larmes.

Le censeur, intrigué, lui demanda la cause de ses pleurs.

« Ceci, expliqua Ying, est un des objets qui se trouvaient sur mon bateau, et que j'ai perdus. Votre serviteur l'avait peint de sa main. Comment se fait-il qu'il se trouve ici ? »

Alors, il psalmodia le poème à chanter qui y avait été ajouté et conclut :

« C'est l'œuvre de l'épouse de votre serviteur !

— A quoi le reconnaissez-vous ? demanda le censeur Gao.

— Je connais sa main. De plus, il y a dans ce poème une signification cachée, et il a véritablement été composé par mon indigne épouse, c'est hors de doute !

— S'il en est ainsi, il est de mon devoir de prendre sur moi d'arrêter les coupables !... Mais pour le moment, gardez le secret. »

Il hébergea donc Ying dans sa résidence, et, le lendemain, fit appeler confidentiellement Guo Qingchun pour l'interroger.

« J'ai acheté cela au couvent », expliqua l'autre.

Le censeur Gao envoya quelqu'un questionner discrètement les nonnes, pour savoir de qui elles avaient tenu cet écran et qui était l'auteur de l'inscription poétique. Au bout de plusieurs jours, l'homme revint lui rendre compte et dit :

« L'écran a été offert par Gu Axiu, de notre district. L'inscription est de Sagacité-parfaite, une nonne du couvent. »

Le censeur envoya un messager dire à la supérieure :

« Mon épouse, qui a grande joie à réciter les soûtras bouddhiques, déplore de n'avoir personne pour lui tenir compagnie à ces occasions. Ayant entendu dire que la nonne Sagacité-parfaite avait atteint l'illumination totale, je la prie courtoisement de bien vouloir être le Maître de ma femme. Un refus me désobligerait. »

Mais la supérieure ne voulut rien entendre.

Or, de son côté, Sagacité-parfaite avait eu vent de l'affaire, et elle avait grand désir de sortir du couvent, au moins une fois : ce serait peut-être l'occasion de venger l'injustice qui lui avait été faite.

La supérieure ne put finalement pas refuser. Le censeur Gao donna donc cette fois l'ordre de transporter la nonne chez lui et veilla à ce qu'elle fût logée dans le même appartement que son épouse.

Un jour de loisir, celle-ci demanda à la religieuse de plus amples renseignements sur sa famille et ses origines.

La dame Wang, ravalant ses larmes, lui confessa la vérité et, abordant le sujet du poème inscrit sur l'écran aux hibiscus, dit encore :

« Les brigands ne doivent pas être loin. Si seulement, Madame, vous acceptiez d'en parler à Votre époux, peut-être pourrait-on arrêter les coupables, laver et effacer l'ancienne honte, et venger le mari de Votre servante : ce serait un bienfait insigne de la part de Son Excellence ! »

Ce disant, elle ignorait encore que son mari fût en réalité vivant...

Quant à la dame Gao, elle rapporta ces propos à son époux, ajoutant aussi que Sagacité-parfaite était une femme cultivée et vertueuse, qui à coup sûr ne devait pas être de basse extraction. Le censeur Gao était convaincu qu'elle était l'épouse de Ying ; il recommanda à sa femme de bien la traiter, mais de ne pas souffler mot de sa présence à Ying.

En faisant perquisitionner au domicile de Gu Axiu, il obtint des indices sur les apparitions et disparitions de cet individu — mais il n'osait toujours pas agir à la légère. Il commença par dire à sa femme de persuader insidieusement la dame Wang de laisser repousser sa chevelure et de reprendre son ancienne tenue séculière.

Six mois plus tard, le lettré et docteur Seriq Buqa, censeur-vérificateur impérial, s'en vint en tournée officielle à la commanderie. Buqa avait été autrefois un des subordonnés du censeur Gao, et ce dernier, connaissant sa dextérité et sa perspicacité, lui conta toute l'affaire.

On appréhenda le brigand par surprise : l'édit de nomination de Cui Ying et tous ses biens se trouvaient encore chez le voleur, mais la dame Wang, elle, avait disparu. L'homme, soumis à un interrogatoire, répondit :

« Franchement, je voulais la garder pour la marier à mon deuxième fils, mais j'ai relâché ma surveillance, et j'ai été le premier surpris qu'elle prenne la fuite cette année-là, à la huitième lune, pendant la fête de la Mi-automne. Je ne sais pas où elle est allée. »

Buqa le condamna au châtiment suprême, et le butin fut restitué à Ying.

Comme ce dernier lui faisait ses adieux avant de rejoindre son poste, le censeur Gao lui dit :

« Attendez, cher ami, que je vous serve d'intermédiaire pour votre mariage ! Alors seulement, vous vous mettrez en route, il sera bien temps ! »

Mais Ying le remercia en ces termes :

« La créature de rebut qui fut la femme de Votre serviteur a longuement partagé avec lui sa condition pauvre et obscure. Actuellement, elle erre peut-être en terre étrangère. J'ignore d'ailleurs si elle est vivante ou morte, et c'est tout seul que je me rends là-bas ! J'attendrai des mois et des années : si par le plus grand des hasards, le Ciel a pitié de moi, et si mon épouse vit encore, j'aurai l'espoir de former de nouveau avec elle un couple harmonieux ! Je suis très touché par les bienfaits et la bonté de Votre Excellence, que je n'oublierai jamais tant que je vivrai — mais Son offre de mariage ne saurait être dans mes vœux. »

Le censeur Gao conclut tristement :

« Cher ami, puisque vous avez un si haut sens du devoir, le Ciel ne pourra manquer de vous donner son aide et, pour ma part, j'aurais scrupule à insister. Souffrez au moins que je vous offre un repas d'adieu, après quoi vous vous mettrez en route. »

Le lendemain, le censeur Gao donna un banquet, auquel il convia les fonctionnaires du circuit de Pingjiang, ainsi que tous les lettrés célèbres de la commanderie.

Alors, levant sa coupe, il s'adressa aux convives en ces termes :

« En ce jour, le vieil homme qui vous parle a rétabli pour le directeur de la police Cui les affinités de cette vie ! »

Personne ne comprit ce que cela voulait dire.

Alors le censeur Gao envoya chercher la nonne Sagacité-parfaite. Et voici paraître l'ancienne épouse de Cui Ying ! Les deux époux, bouleversés, se tenaient les mains ; ils n'auraient jamais cru possible de se retrouver face à face en ce lieu !

Le censeur Gao conta donc l'histoire tout au long et fit également apporter l'écran aux hibiscus pour le montrer à ses hôtes : c'est alors seulement que l'on comprit le sens des mots « rétablir les affinités de cette vie », car ils étaient empruntés au poème inscrit sur l'écran par la dame Wang, qui avait pris *Huiyuan*, « Sagacité-parfaite », comme nom de religion. Toute l'assistance fut émue aux larmes par cette histoire, et saisie d'admiration pour la bonté sans exemple du censeur Gao. Ce dernier offrit à Cui Ying un couple de domestiques, qu'il congédia avec une indemnité avant qu'ils se missent en route.

Lorsque Ying eut accompli son mandat à Yongjia, il repassa par la Porte-de-Wu [Suzhou], mais le censeur Gao était décédé.

Ying et sa femme pleurèrent et se lamentèrent comme s'ils eussent perdu un père. Ils ne partirent qu'après avoir fait sur sa tombe un sacrifice majeur de trois jours et trois nuits, en signe de gratitude, et la dame Wang observa à cette occasion un jeûne prolongé, tout en priant sans interruption Guanyin à son intention...

La fête de l'escarpolette

En l'an 1298 de l'ère Dade des Yuan, Bolod, parce qu'il était fils de feu le duc du pays de Qi, ancien ministre, fut nommé commissaire à la cour des Banquets impériaux. Yandula y était assistant signataire des dépêches, et Wang Rongfu de Dongping, secrétaire. Leurs trois demeures, contiguës, se trouvaient à l'ouest du Pont-du-Lac.

Bolod, qui était né dans la famille d'un ministre, était au faîte de la richesse et des honneurs ; il habitait une résidence si vaste et si somptueuse qu'aucune autre ne s'y pouvait comparer. Cela ne l'empêchait pas d'être un lettré cultivé, de traiter avec respect et courtoisie les hommes de talent, ce qui lui valait de la part des gens de son époque des louanges unanimes.

Derrière sa résidence privée, il y avait un parc d'abricotiers, qui évoquait les vers

Plein le parc, à foison, coloris printaniers,
Au mur, rameau de rouges fleurs d'abricotier.

Des fleurs rares et splendides, des kiosques et des

belvédères délicieux en faisaient le plus beau des jardins d'agrément de l'aristocratie.

Chaque année au printemps, toutes les jeunes sœurs et toutes les filles de Bolod invitaient les dames et damoiselles de la famille de l'assistant et du secrétaire à venir dans le parc, où étaient installées des balançoires et disposés des mets et des boissons surabondants. A longueur de journée, c'étaient des jeux et des rires, et chaque famille offrait un banquet tous les deux jours. Ces réjouissances commençaient à la fin de la deuxième lune et duraient jusqu'à la fête de la Pure-Lumière, et l'on appelait ces réunions « fêtes de l'escarpolette ».

Il se trouva que le fils du cosignataire de la cour des Affaires militaires Timur Buqa, nommé Baiču, passant un jour aux abords du parc et entendant des rires, se haussa sur sa selle pour regarder à l'intérieur, et vit qu'on se balançait à qui mieux mieux, et à qui prendrait plus d'élan, tandis que fusaient des rires joyeux. Il se cacha dans l'ombre d'un saule, épia la scène et put constater que toutes les jeunes filles étaient d'une beauté peu commune, ce qui le fit s'attarder si longuement qu'un portier le remarqua et s'en fut informer Bolod. Celui-ci voulut alors inviter l'inconnu, mais il avait disparu.

Baiču rentra chez lui et raconta tout à sa mère ; elle comprit de quoi il retournait et envoya une entremetteuse chez Bolod pour une demande en mariage.

Bolod répondit :

« Est-ce qu'il ne s'agirait pas du garçon qui guettait derrière le mur ? Je veux justement choisir un gendre ! Veuillez donc l'envoyer pour une entrevue. S'il est effectivement l'idéal requis, je m'engage à donner mon accord ! »

L'entremetteuse revint rendre compte de sa mission, et le cosignataire para son fils Baiču et l'envoya chez Bolod.

Ce dernier fut d'emblée agréablement frappé par la beauté du jeune homme, mais comme il n'avait encore nulle idée de son intelligence et de sa culture, il le mit à l'épreuve en disant :

« Tu as pris plaisir à regarder les balançoires... Eh bien ! serais-tu capable de rimer sur ce thème et de composer un poème à chanter dans le mode du sud, sur l'air des *Barbares Bodhisattvas* ? »

Baiču prit un pinceau et rédigea aussitôt, en langue mongole, les vers que voici :

Cordes rouges, planches peintes, doigts graciles : et lestes,
Deux à deux elles montent, comme aronde au vent d'est.
Grand assaut de prouesses : nulle ne se dérobe !
Qui ira le plus haut, en serrant mieux sa robe ?

Couche d'ivoire : recrue, on dort tout habillée,
On abandonne au sol l'épingle d'or tombée ;
C'est bien tard qu'on se lève et pousse l'oreiller :
Quand derrière la courtine, la lune est montée !

Bolod, quoique charmé par l'agilité d'esprit du garçon, craignit pourtant qu'il n'eût préparé ces vers, ou qu'ils ne fussent l'œuvre d'un tiers. Aussi lui offrit-il un grand banquet puis, pendant le festin, lui demanda-t-il d'improviser, sur l'air *Du rouge plein le fleuve*, un poème à chanter sur le thème du loriot. Baiču étala une feuille de papier de rotin de Shanxi, inscrivit en chinois le poème demandé, puis le tendit à Bolod qui, dans sa joie, s'exclama :

« Ma foi, j'ai trouvé un gendre ! »

Et, face à face, il lui promit la main de sa troisième fille Sugačiri ; en outre, il fit venir sa femme et sa fille, auxquelles il présenta le jeune homme. Les autres filles, qui de leur côté l'avaient observé à la dérobée par une fente de la fenêtre, félicitèrent en secret Sugačiri :

« C'est le cas de dire qu'il y a " maintes émanations de bonheur derrière la porte ", car la fille et le gendre vont chevaucher le dragon ! »

On choisit un jour propice à l'envoi des cadeaux de fiançailles : l'abondance des présents, l'élégance des lettres de vœux firent grand bruit dans toute la ville, qui y vit un événement considérable...

Or, après ces cérémonies, le père de Baiču, qui dépensait avec prodigalité, mais dont la gestion était loin d'être intègre, finit par être démis de ses fonctions pour corruption et jeté dans les geôles du Censorat impérial. Dans ce cachot, il contracta une maladie ; en sa qualité de haut dignitaire, il put bénéficier d'une mesure de clémence et d'une libération provisoire pour rentrer chez lui et se soigner. Moins d'une dizaine de jours plus tard, il était terrassé par la maladie, et toute sa famille était contaminée. Ils moururent jusqu'au dernier, et Baiču fut le seul rescapé ; malheureusement, comme glace qui fond et tuiles qui se fendent, toute la richesse s'était évanouie, et toute la domesticité avait disparu.

Bolod avait l'intention de faire venir Baiču chez lui pour le recueillir et parfaire son éducation, mais sa troisième épouse s'y opposa catégoriquement. Car il faut dire que, malgré le grand nombre des favorites et concubines de Bolod, c'est sa troisième épouse qui seule monopolisait ses faveurs et dirigeait tout ! Or, voyant que les filles des autres femmes de Bolod avaient toutes été mariées à des personnages riches et haut placés, tandis que seule sa propre enfant était destinée à un garçon dont la famille était à ce point ruinée, elle était déterminée à revenir sur l'ancien engagement.

Sugačiri, elle, ne l'entendait pas ainsi :

« Des liens de fiançailles, lui remontrait-elle, sont les liens d'une fidélité sacrée, et un engagement scellé par serment ne saurait plus jamais être modifié ! Je ne suis pas sans voir que toutes mes autres sœurs ont fait des mariages magnifiques, et d'ailleurs je les en admire. Mais quand on a pris le plus infime engagement, il est impossible de berner les divinités et les démons ! Comment serait-il pensable de l'abandonner, lui, parce qu'il est dans une situation misérable.

Quoi qu'il en soit, ses parents ne voulurent rien entendre et la fiancèrent au contraire à Sengjianu, fils du vice-premier ministre Kököčü. La cérémonie d'accordailles dépassa en magnificence ce que l'on avait vu la fois précédente !

Le jour du mariage, tandis que Sugačiri était à mi-chemin pour se rendre chez son futur époux, elle défit subrepticement un de ses bas de soie et se pendit dans son palanquin. Lorsqu'on arriva à destination, elle était déjà morte. Quand les porteurs revinrent avec la dépouille de celle qui avait été sa fille de prédilection, la troisième femme de Bolod fit mettre la totalité de la dot, ainsi que les présents de fiançailles, dans le cercueil, et on le déposa provisoirement au temple bouddhique de la Paix-Pure.

Baiču, informé des événements, s'en vint la nuit même en grand secret pour la pleurer, et frappa du front le cercueil en gémissant :

« C'est Baiču ! »

Et soudain, à l'intérieur du cercueil, on répondit :

« Ouvre le cercueil, je suis vivante ! »

Baiču fit le tour de l'objet en l'examinant, mais la laque et les clous en étaient solides, et il ne savait comment l'ouvrir !

Il se concerta avec un des bonzes et lui dit :

« Ayez l'obligeance de m'aider. Je prends l'entière responsabilité de l'ouverture de cette sépulture, et vous n'y serez pas impliqué. En revanche, nous partagerons tout ce qui s'y trouve ! »

Le bonze savait déjà que c'était une riche sépulture, et il pressentait un intéressant bénéfice. Il ouvrit donc le couvercle du cercueil à l'aide d'une hache... Effectivement, la jeune fille était vivante !

Les deux jeunes gens furent au comble du bonheur ; ils sortirent la moitié des bracelets d'or et des parures de tête et les offrirent au bonze en remerciement de ses services. Ce qui restait valait encore plusieurs dizaines de milliers de ligatures de sapèques. Après cela, ils chargèrent le bonze d'acheter de la laque et de remettre le cercueil en état, afin que l'affaire restât secrète.

Alors Baiču, emmenant Sugačiri, s'enfuit à Shangdu.

Tous deux y vécurent pendant un an sans que quiconque le sût. Comme il avaient apporté de riches réserves, et comme Baiču donnait des leçons à plusieurs jeunes Mongols, ce qui lui procurait un salaire supplémentaire, le couple vivait dans l'opulence.

Et voici qu'un jour Bolod fut nommé grand préfet de Shangdu ! Dès son arrivée dans la ville, il se mit en quête d'un précepteur privé, mais les lettrés étaient extrêmement rares à Shangdu. Quelqu'un lui dit :

« Récemment, il y a un lettré originaire de la métropole, Dadu, qui s'est installé ici avec sa femme ; c'est lui aussi un étranger d'Asie centrale. Il a ouvert une école populaire, et il est vraiment très savant. Si Votre Excellence désire trouver un précepteur, c'est le seul homme qui puisse convenir. »

Bolod fit donc mander d'urgence cet homme... qui était Baiču ! Bolod, convaincu que Baiču était mort et enterré depuis longtemps, et qui voyait devant lui un homme en parfaite santé, ne revenait pas de sa surprise !

« Comment se fait-il que tu sois ici ? Et à qui es-tu marié ? » demanda-t-il.

Baiču lui dit la vérité, mais Bolod, qui ne le croyait pas, envoya un palanquin chercher Sugačiri : c'était bien elle, et toute la maisonnée fut bouleversée de bonheur et de douleur à la fois.

Mais comme Bolod craignait que ce ne fût le fantôme de Sugačiri qui, assumant forme humaine, égarait le jeune homme, il envoya secrètement quelqu'un au temple de la Paix-Pure afin d'interroger le bonze : comme ses dires concordaient avec ceux de Baiču, l'envoyé fit ouvrir la sépulture et ne trouva rien d'autre qu'un cercueil vide. Il revint rapporter ces faits à Bolod. Les parents, pleins de remords, n'en furent que plus affectueux envers Baiču ; ils le recueillirent comme gendre vivant dans la famille de sa femme, et il resta dans la famille jusqu'à sa fin, à un âge avancé.

Quant aux trois fils de Baiču : l'aîné, Jiaohua, parvint au poste d'assistant de gauche du gouvernement provincial du Liaoyang et autres lieux, mais mourut jeune. Le deuxième, Mangudai, et le plus jeune, Heisi, devinrent tous deux officiers des gardes impériaux et chargés de porter épées et carquois de l'empereur. Mangudai mourut le premier ; Heisi, lui, parvint au rang de commissaire de la cour des Affaires militaires.

Lorsque les Armées célestes [des Ming] atteignirent Pékin, l'empereur mongol Shundi se rendit au palais de la Pureté-Tranquille, où il rassembla les impératrices et les favorites de ses trois palais, ainsi que le prince héritier ; et tous se concertèrent pour fuir la soldatesque. Heisi et le ministre Shiremön exhortèrent Sa Majesté en pleurant et dirent :

« Notre empire, c'est l'empire de Qubilaï, et notre devoir est de le défendre jusqu'à la mort ! »

L'empereur ne les écouta pas. A minuit, il fit ouvrir la porte de la Vertu-Etablie et prit la fuite. Heisi le suivit dans le désert, et on ignore ce qu'il advint de lui.

Composition
Impression S.E.P.C.
à Saint-Amand (Cher), le 5 janvier 1994.
Dépôt légal : janvier 1994.
1er dépôt légal : février 1986.
Numéro d'imprimeur : 3236.
ISBN 2-07-070561-7./Imprimé en France.

67455